Robert Bosnak, in Holland geboren, studierte Jura. Heute ist er Dozent der New England Jung Society und als Jungscher Analytiker in einer eigenen Praxis in Cambridge, Massachusetts, tätig. Er lebt mit seiner Frau und seinen zwei Kindern in Cambridge.

Dieses Buch wurde auf chlor- und säurefreiem Papier gedruckt.

Vollständige Taschenbuchausgabe Juli 1994
Droemersche Verlagsanstalt Th. Knaur Nachf., München
© 1991 für die deutschsprachige Ausgabe
Kösel-Verlag, GmbH & Co., München
Titel der Originalausgabe »Kleine Droomcursus«
© 1986 Robert Bosnak
Originalverlag Lemniscaat b.v., Rotterdam
Aus dem Amerikanischen von Ursula Fassbender, München
Umschlaggestaltung Graupner + Partner, München
Umschlagfoto Angelika Vogel, Berlin
Druck und Bindung Ebner Ulm
Printed in Germany
ISBN 3-426-84048-0

2 4 5 3 1

Robert Bosnak

Das kleine Traumbuch

Wie wir unsere Träume
verstehen können

Mit einem Vorwort von
Hans Dieckmann

Für Eranos

Inhalt

Vorwort von Hans Dieckmann

Immer schon haben die Menschen Interesse an ihren Träumen gehabt. Die früheste Traumdeutung ist uns aus der sumerischen Kultur, einige tausend Jahre vor unserer Zeitrechnung, bekannt. Dort wird ein Traum aus der Welt der Götter beschrieben, in dem in symbolischer Form der Jünglingsgeliebte der großen Muttergottheit Inana davon überzeugt wird, daß seine Flucht vor seinem Eingehen in die Unterwelt des Todes unmöglich ist. Alle alten Kulturen waren der Ansicht, daß die Träume von den Göttern gesandt wurden und mantische d.h. orakelhafte Bedeutung hatten. Ihre Sprache war aber symbolisch und dem gewöhnlichen Sterblichen nicht verständlich, so daß er einen mit der Materie vertrauten Traumdeuter benötigte. Einer der uns bekanntesten ist Joseph aus der Bibel, der dem Pharao seine Träume über die sieben mageren und die sieben fetten Jahre deutet.

Im Altertum gab es in der griechischen Literatur bereits viele Traumbücher oder Traumlexika, die versuchten, die Traumsymbole zu übersetzen. Das erste bedeutende stammt aus dem 5. Jahrhundert v. Chr. und wurde von

Antiphon aus Athen verfaßt. Leider sind diese uns verloren gegangen, wir kennen sie nur aus der Sekundärliteratur. Das einzige vollständig erhaltene Traumbuch stammt aus der nachchristlichen Zeit von einem Artemidor von Daldis und zeugt schon von einer erstaunlichen Kenntnis der menschlichen Psyche und ihrer Individualität. Artemidor beachtete die persönliche Lebensgeschichte des Träumers und bezog auch die Umstände, unter denen der Traum entstand, in seine Deutung mit ein. Trotzdem blieb auch für Artemidor jeder Traum ein Orakel, das in die Zukunft wies. Die alten Griechen benutzten den Traum aber nicht nur als ein Orakel, sondern, wie andere alte Völker es auch schon taten, als eine Heilmethode. Der Patient mußte sich hierzu an einen bestimmten heiligen Ort begeben, wie es z.B. Epidaurus war, und dort nach bestimmten vorbereitenden Riten in bestimmten Räumen schlafen und träumen. Diese Träume wurden einem Priester vorgelegt und wenn darin die richtigen heilenden Symbole oder Götter vorkamen, sollte der Patient über diesen Traum meditieren, bis er gesund wurde. Daß diese Methode Erfolg hatte, davon zeugen die vielen Dankesstelen, die wir dort noch gefunden haben.

Aus dieser Haltung heraus ist das vorliegende Buch zu verstehen. Es ist für gesunde Menschen geschrieben, die über ihre Träume nachdenken und meditieren wollen im Sinne eines vertieften Verständnisses ohne eine eigentliche analytische Deutung, um sie als eine Selbsterkenntnis oder auch als Hilfe für die Lösung ihrer Probleme verstehen zu können. In dieser Beziehung ähnelt es in manchem meinem *Umgang mit Träumen* (Stuttgart: Kreuz 1978). Auf der anderen Seite ist vieles anders und so nicht nur eine Ergänzung, sondern ein anderes Umgehen mit diesem Stoff.

So soll der einzelne Mensch mit seinem Traum auch nicht nur allein umgehen, sondern ihn auch mit anderen nahestehenden Menschen besprechen oder ihn in Gruppen, die hier als Traumseminare bezeichnet werden, bearbeiten. Gerade das hat aber seine Probleme. Im alten Orient war und ist es vielleicht auch heute noch manchmal üblich, seine Träume einem nahen Freund oder einer erfahrenen Persönlichkeit zu erzählen. Dies geschah in folgender Weise: Der Träumer sagte nach einer Weile ruhigen Schweigens zu dem anderen: »Ich habe heute nacht ein Gesicht gehabt.« Darauf mußte der andere antworten: »Ich höre.« Tat er das nicht, wurde der Traum nicht erzählt. Das hatte seinen guten Sinn. Nicht jeder ist zu jeder Zeit bereit, ein Stück der Innenwelt-Dynamik eines anderen Menschen, die ja auch oft schwer destruktive oder aggressive Inhalte haben kann, in sich aufzunehmen und damit umzugehen. Das Unbewußte ist kein harmloses Spielzeug. Auch gibt es in unserer heutigen überpsychologisierten Welt viele schnelle Traumdeuter, die gleich zu wissen meinen, was dieses oder jenes in einem Traum zu bedeuten hat. Man erlebt es oft bei Patienten oder Ausbildungskandidaten, daß sie mit einer fertigen eigenen Deutung ihres Traumes kommen. Das ist, worauf schon Jung hingewiesen hat, immer eine Abwehr der eigentlichen Aussage des Traumes, da niemand seine eigenen blinden Flekken kennt. Besonders nahestehende Beziehungspersonen können das oft recht destruktiv zugunsten ihrer eigenen Komplexe ausnutzen.

Gerade diesen Fehler vermeidet Robert Bosnak in diesem Buch auf eine sehr feinfühlige und angenehme Weise. Seine Art, mit den Träumen umzugehen, liegt in einer anschaulichen Vertiefung und Meditation unter der Voraussetzung des Nicht-Wissens und Nicht-Verstehens der Trauminhalte. Durch dieses genaue Hinsehen und Einfühlen wird das Traumerleben lebendiger, und es erschließen sich viele Einzelheiten, die zunächst nicht so beachtet worden sind.

Hierher gehört auch besonders die Beobachtung der Gefühlswelt, der Atmosphäre und der Körperreaktionen, die der Traum in dem Träumer auslöst. So wird eine psychologisierende Deutung vermieden, und der Traum wird auch mit seinem Umfeld von Tages- und Kindheitsproblemen zu einer lebendigen Wirksamkeit gebracht. Wie vielschichtig und wie offen ein derartiger Umgang mit den Träumen sein kann, schildert Bosnak an einer Fülle von interessanten Beispielen. Zu dieser Vertiefung des Traumerlebens benutzt er auch die von Jung eingeführte »Aktive Imagination«, mit der Träume in einer imaginalen Phantasie erweitert oder fortgeführt werden können. Menschen mit einer entsprechenden introvertierten Begabung sind so oft in der Lage, mit Personen oder Symbolen des Traumes in Beziehung zu treten. Auch hier ist aber wieder eine Warnung angebracht! Menschen neigen oft dazu, vor ihren eigentlichen Problemen in die Welt der Phantasie zu flüchten oder auch sich in ihr zu verirren. So sollte man gerade diese Methode nicht unbedingt jedem empfehlen.

Sehr interessant zu lesen ist auch die einfache Einführung in die mittelalterliche Alchemie, mit der sich Jung so ausgiebig beschäftigt hat. Sie war ja eine Projektion der Individuation der menschlichen Seele in die Materie, und aus ihr sind gewissermaßen als Schwestern die moderne Chemie und die Tiefenpsychologie entstanden. So schwerverständlich und gerade für den Laien oft ganz unverständlich Jungs eigene Werke zu dieser Materie sind, so einfach und klar versteht es hier der Autor, die Grundzüge dieses Prozesses – Nigredo, Albedo und Rubedo – zu erklären und mit der Symbolik der Träume in Beziehung zu setzen. Zwar scheint dies manchmal etwas willkürlich und im Sinne von Traumlexika zu sein, aber es ist auf jeden Fall wichtig, bei den entsprechenden Symbolen auch gerade an derartige Entwicklungsprozesse zu denken und sie einzubeziehen.

Es ist dem Leser dieses interessanten Buches zu wünschen, daß es ihm zu einem vertieften Verständnis seiner eigenen Innenwelt verhilft und daß der Zugang zu dieser zweiten Welt des nächtlichen Traumerlebens eine Dimension erschließen kann, über die er bisher noch nicht in dieser Weise verfügte.

Auf meinem Weg zur Arbeit

Ich sitze in meinem Auto auf dem Weg nach Cambridge, Massachusetts, wo sich meine psychoanalytische Praxis befindet. Ich stehe im Berufsverkehr in einem Stau, was mir Zeit gibt, in Ruhe über den Traum der letzten Nacht nachzudenken.
Ich träumte folgendes:

Ich befinde mich in einem Rohbau. Dort wird ein großer Bernhardiner namens Angie von einer Bulldogge, die ich an der Leine führe, angegriffen. Die Bulldogge beißt Angie in den Nacken, und gemeinsam verschwinden sie, in einen tödlichen Kampf verwickelt. Ich bin erschrocken. Als Angie ziemlich zerzaust, aber scheinbar unverletzt, wieder auftaucht, bin ich sehr glücklich. Die Bulldogge ist verschwunden. Danach bin ich plötzlich auf der Hochzeit des Sohnes meines höchst ehrgeizigen und machthungrigen Onkels.

Nun muß ich an einer Ampel halten und die Bostoner Autofahrer, die scheinbar alle gleichzeitig Vorfahrt haben, fordern meine volle Aufmerksamkeit.

Erst in meiner Praxis habe ich Zeit, noch ein wenig über den Traum nachzudenken. Ich habe noch zehn Minuten, bevor mein erster Patient kommt. Der Teekessel pfeift; der Tee ist fertig. Nun sitze ich in meinem Schaukelstuhl und blicke auf den Schaukelstuhl mir gegenüber.

Dort drüben, mir gegenüber, sitze ich: mein erster Patient. Von einem Schaukelstuhl zum anderen erzähle ich mir selbst als meinem Analytiker meinen Traum. Das erste, was mir auffällt, ist, wie sehr mein Onkel einer hartnäckigen Bulldogge ähnelt, deren Machthunger alles um sie herum auffrißt und verschlingt. Ich kann seinen Machthunger in meinem Kiefer spüren und beiße meine Zähne zusammen, bis es weh tut. Dann knurre ich. Plötzlich stürze ich mich auf Angie und verbeiße mich in ihre Kehle. Dann sehe ich Blut vor meinen Augen. Ich gerate in eine schreckliche Raserei. Ein Vampir im Nacken. Ich verbeiße mich noch stärker, töte dieses Tier! Ich assoziiere:

Angie, Engel (englisch »angel« = Engel). Ich kenne keine Angie. Ich habe diesen Hund noch nie zuvor gesehen, obwohl er mir in dem Traum sehr vertraut war. Angie? Ja, natürlich! Es ist schon sehr lange her. Sie sang wie ein Engel. Engel? Meine Frau … Wut auf sie? Meine Mutter? Meine Tochter? Ein Inzestrausch? Sicherlich. Aber das weiß ich schon seit langem. Es überrascht mich absolut nicht. Dafür brauche ich diesen Traum nicht.

Bulldogge. Ich habe gehört, daß Bulldoggen besonders darauf abgerichtet werden, daß sie ihr Opfer nie wieder loslassen, wenn sie erst einmal ihre Zähne darin verbissen haben. Mein erster Patient, der in sieben Minuten vor meiner Tür stehen wird, sieht aus wie eine Bulldogge. Er beißt alles, was ihm gerade über den Weg läuft – besonders Frauen. Er möchte sie beherrschen. Und ich führe diese Bulldogge an der Leine. Oder er führt mich an der Nase herum. Was für ein Durcheinander.

»Ich sollte besser aufhören, darüber nachzudenken.«

»Es wäre besser, wenn du noch etwas mehr darüber nachdenken würdest!« sagt mein Analytiker streng, und ich fühle mich ertappt wie ein böser Schuljunge.

Angie? Angie? Engel! Das ist das einzige, was ständig in mir auftaucht. Das einzige, was mir nun übrigbleibt, ist, zu der Erinnerung zurückzukehren, was in dem Traum geschehen ist. Ich versuche, mir das Traumbild so detailliert wie möglich wieder ins Gedächtnis zu rufen. Nach einer Weile kann ich den Bernhardiner wieder deutlich vor mir stehen sehen. Welch ein wunderbarer Hund! Ein herrliches Tier! Sein Kopf ist das Inbild der Schönheit. Aber welches Inbild? Und wer war der heilige Bernhard wirklich? Ich sollte es heute Abend nachschlagen. Nun denke ich an Rettungshunde, die Erste-Hilfe-Kästen um ihren Hals tragen und Verschüttete aus dem Schnee graben. Verschüttete. Bin ich verschüttet? Wo bin ich verschüttet? Mein Schutzengel ... Ich sehe auf meine Uhr. Wie schade. Nur noch 5 Minuten. Ich hoffe, die Bulldogge kommt heute zu spät. Aber das wird nicht geschehen. Wenn man sich wirklich wünscht, daß jemand zu spät kommt, ist er immer pünktlich.

Je mehr ich Angie betrachte, um so klarer und schöner wird sie. Ich stelle fest, daß ich sie mit verliebten Augen ansehe wie ein liebeskranker Teenager. Und dabei ist sie doch ein Hund – wie pervers! Aber sie ist nicht einfach irgendein x-beliebiger Hund. Nein, nun erkenne ich sie als inspirierendes Wesen voller Kraft und Anmut. Ein mächtiges, weibliches Tier. Macht, mächtig. Mein machthungriger Onkel herrscht über diesen Hochzeitstag. Zwei gegensätzliche Arten der Macht: die eine ist die wunderschöne weibliche Macht der Bilder, die Heilung bringt, die andere ein grausamer, beißender, männlicher Frauenschänder, der mich an der Leine hat. Er raubt meinen Engel und versucht, ihn zu überwältigen. Er sitzt mir im Nacken. Er möchte Besitz von meinem Engel ergreifen. Vielleicht will er ihn zu Geld machen. Mein Onkel macht alles zu Geld. Er möchte die Muse dazu benutzen, Bücher zu schreiben. Wie dieses Buch, dieses Haus im Rohbau. Berühmt werden, Macht haben. Die Stimme der Bulldogge klingt nun fast hysterisch machthungrig.

Gott sei Dank kehrt Angie allein zurück, scheinbar siegreich. Aber natürlich weiß ich, daß Träume keine linearen Geschichten sind, die einen Anfang und ein Ende haben, ein für alle Mal. Träume sind Muster, die ständig in Abwandlungen wiederkehren. Der Kampf zwischen meinem rettenden Schutzengel und dem vernichtenden Biß der Bulldogge ist noch längst nicht vorbei. Es ist eine der Strukturen meiner Seele, die sich in immer wieder neuen Formen darstellt. Manchmal bin ich bewußt mehr auf der Seite des Kampfes, manchmal mehr auf der anderen. Der Kampf drückt sich in vielen verschiedenen Arten aus.

Ich sollte heute abend meine Frau fragen, ob ich sie manchmal wie eine Bulldogge angreife und ob ich meine Wut auf Frauen an ihr auslasse. Aber vielleicht wird sie die Gelegenheit ergreifen und ihre ganze Wut an mir austoben. Und wer weiß, wenn sie mich in diesem Augenblick nicht mag (jede tiefe Beziehung hat ihre Bitterkeit), wird sie mir vielleicht sagen, daß ich mich immer wie ein Bluthund benehme. Ich sollte es mir zweimal überlegen, bevor ich ihr die ganze Munition liefere.

Nun betrachte ich beide Hunde und lasse ihre Charaktereigenschaften auf mich wirken. In seiner Einzigartigkeit gehört jeder Hund ebenso zu mir wie ich zu ihm.

Es klingelt an der Tür.

Der erste Patient.

Er kämpft wieder mit seiner Freundin. Ich beobachte, wie er mit seinem Kiefer mahlt, so als ob er beißen würde. Er ist eifersüchtig auf jeden Mann, den sie anschaut. »Verdammt nochmal, sie sollte aufhören, Männer anzuschauen«, brüllt er wütend.

»Das ist kein Problem«, bemerke ich. »Alles, was Sie tun müssen, ist eine Nähnadel zu nehmen und ihr die Augen auszustechen. Ziemlich effektiv und von dauerhafter Wirkung. Sie wird nie wieder einen anderen Mann anschauen.«

Diese Bemerkung sprudelte völlig unerwartet aus mir heraus. Wir sind beide verblüfft. Als erstes kichern wir etwas verlegen, so als ob man uns bei etwas ertappt hätte. Schließlich sind wir beide empört und gezwungen, darüber nachzudenken.

Bei jeder seiner intimen Freundinnen, einschließlich seiner Mutter, verspürt er dieselbe Eifersucht, besonders wenn seine Arbeit stagniert. Er ist Schriftsteller. Wenn er blokkiert ist, glaubt er, daß er seine Inspiration irgendwie unter

Kontrolle bringen muß, und er wird wütend, weil er nichts zu Papier bringt. Obendrein hat er seit Monaten keine Arbeit. Sein Geld wird knapp und auch Sex macht ihm keinen Spaß mehr. Er fühlt sich machtlos, impotent und wütend. Wessen Traum war das, der Traum von den Hunden? Mein Traum oder seiner?

Ein neuer Tag hat begonnen. Mit einem Traum von einem Haus im Rohbau. Oder wurde es abgerissen? Plötzlich kann ich mich nicht mehr richtig erinnern. Meine eigenen Bilder verschwimmen immer mehr, während ich mit voller Kraft in die Seele eines anderen Menschen katapultiert werde, hin- und hergerissen zwischen Interesse und Widerwillen.

1 Gedächtnisübungen

Ein Traum ist weder eine Geschichte noch ein Film, ein Text aus irgendeinem Buch oder ein Theaterstück. Ein Traum ist ein Ereignis im Raum, eine Ausdrucksform des Raums.

Wir befinden uns in einem Raum, den wir nach dem Erwachen »Traum« nennen. In diesem Raum erleben wir Dinge, über die wir nach dem Aufwachen als Traumgeschehen sprechen können. Aber das Traumgeschehen ist nicht gleichbedeutend mit dem Traum. Der Traum an sich ist ein Gebilde aus Raum und Zeit, in das wir eingebunden sind. Während des Traumes glauben wir, wach zu sein, und zwar in derselben Weise, wie wir wach zu sein glauben, wenn wir es tatsächlich sind. Aus diesem Grund ist es wichtig, sich Träume als räumliche Strukturen vorzustellen, damit wir uns unsere Erfahrungen im Traumzustand so getreu wie möglich ins Gedächtnis rufen können.

Das menschliche Erinnerungsvermögen gab es bereits bevor es in Kilobytes gemessen wurde. In der Antike wurde das Gedächtnis als eine räumliche Wirklichkeit betrachtet und deshalb ging man davon aus, daß Erinnerungen in einem Raum gespeichert werden. Im alten Rom lernten die Redner, ihr Gedächtnis zu trainieren, indem sie durch einen »Gedächtnisspeicher« gingen. Ein solcher Speicher kam folgendermaßen zustande.

Man konnte die in ihre Toga gekleideten Redner in einem leerstehenden Gebäude umhergehen sehen. Sie konzentrierten sich eingehend auf jeden Aspekt des sie umgebenden Raums. Dies taten sie solange, bis sie jeden Winkel und jede Ritze auswendig kannten. Nachdem dieser Raum dem Gedächtnis fest eingeprägt worden war, konnte er als Speicher für Dinge, an die sie sich erinnern wollten, verwendet werden. Ein Redner mußte sich beispielsweise an ein fünfhundertzeiliges Gedicht erinnern. Bei seinem ersten Schritt nach rechts, an der Stelle, wo der Marmor etwas gelblich ist, deponiert er die erste Zeile. Beim dritten Schritt nach rechts die zweite Zeile und an einer Säule (derjenigen mit der roten Maserung im Marmor) oben an der Treppe die dritte. Auf diese Weise können an jeder beliebigen Stelle im Innern des Gebäudes Erinnerungen gespeichert werden. Und mittels eines imaginären Spaziergangs durch das Lagerhaus kann er jeden Satz in der richtigen Reihenfolge abrufen. Die Erschaffung eines Phantasieraums verhilft zu einem räumlichen Gedächtnis. Und genau diese Entwicklung eines räumlichen Erinnerungsvermögens ist in der Traumarbeit von wesentlicher Bedeutung.

Die folgenden Übungen wurden anhand dieser alten Memotechniken entwickelt, der Kunst des Erinnerungsvermögens.

Übung 1:
Sich in der Traumwelt bewegen

Blicken Sie um sich und stellen Sie fest, wo Sie sind. Schauen Sie umher und seien Sie sich bewußt, daß Sie wach sind. Erkennen Sie, daß Sie auch dann glauben, wach zu sein, wenn Sie träumen. Machen Sie sich nun bewußt, daß Sie das Gefühl haben, wach zu sein, dies aber nicht bedeutet, daß Sie nicht träumen.

Wenn Sie sich diese Erkenntnis ins Bewußtsein gerufen haben, fahren Sie unter dem Gesichtspunkt fort, daß Sie tatsächlich träumen.

Sie befinden sich in einer Traumwelt, die Sie vollständig umgibt, wie jede Nacht. Es ist eine absolut wirklichkeitsgetreue Welt. Berühren Sie den Boden: er ist fest. Kneifen Sie sich in Ihren Arm. Was empfinden Sie dabei?

Beginnen Sie nun, sich in diesem Raum zu bewegen. Denken Sie dabei ständig daran, daß Sie sich in einem normalen nächtlichen Traum befinden, während Sie gleichzeitig sicher sind, wach zu sein. Betrachten Sie jeden Gegenstand in Ihrer Umgebung eingehend.

Wiederholen Sie diese Übung öfters.

*

Übung 2:
Sich an Traumobjekte erinnern

Sie träumen, daß Sie Gedächtnisübungen aus diesem Buch lernen. Nun nehmen Sie dieses Buch in beide Hände und studieren sorgfältig, wie es aussieht. Dann drehen Sie es langsam einmal ganz herum, während Sie es eindringlich als ein langsam rotierendes Objekt beobachten.

Schließen Sie Ihre Augen.

Nun blicken Sie in Ihrem Gedächtnis wieder auf das Buch als Objekt. Versuchen Sie, sich daran zu erinnern, wie es kreiste und wie es von verschiedenen Blickwinkeln aus betrachtet aussah.

Wiederholen Sie diese Übung mit einigen verschiedenen Gegenständen.

Übung 3:
Einen Gedächtnisspeicher erschaffen

Suchen Sie sich einen Ort, wo Sie in einem Umkreis von einigen Metern umhergehen können, zum Beispiel einen Raum, wo einige Gegenstände ins Auge fallen. Gehen Sie eine Weile in diesem Zimmer herum. Betrachten Sie jeden Winkel und prägen ihn sich tief ins Gedächtnis ein. Dann setzen oder legen Sie sich hin, schließen Ihre Augen und rufen sich jedes Detail wieder vor Ihrem inneren Auge ins Gedächtnis.

Je öfter Sie dies tun, um so einfacher wird es. An einige Objekte können Sie sich leichter erinnern, wenn Sie sie mit Ihren Händen berühren oder an ihnen riechen. Koordinieren Sie Ihre Sinnesorgane bei diesem Einprägeprozeß so gut wie möglich.

Wie die Redner alter Zeiten besitzen Sie nun einen Gedächtnisspeicher.

Übung 4:
Ein imaginärer Rundgang durch Ihr Haus

Suchen Sie in Ihrer Erinnerung nach einem Haus, das Ihnen am besten im Gedächtnis haften geblieben ist, zum Beispiel Ihr Elternhaus oder das, in dem Sie jetzt wohnen. Nehmen Sie sich einen Augenblick Zeit, sich ein paar vertraute Häuser vorzustellen, und entscheiden Sie sich, an welches Sie sich in diesem besonderen Fall am besten erinnern können.

Nachdem Sie die nachfolgenden Abschnitte gelesen haben, schließen Sie Ihre Augen und konzentrieren sich eine Minute lang auf Ihren Atem. Spüren Sie, wie Ihr Atem durch Ihre Lunge strömt, und werden Sie sich so vieler Körperempfindungen bewußt, wie Sie beobachten können. Beginnen Sie bei Ihren Füßen und gehen Sie langsam aufwärts. In dem Augenblick, wo Sie tief in Ihren Körper hineingespürt haben, visualisieren Sie das Haus, das Sie in Ihrer Phantasie betreten wollen. Betrachten Sie die Vorderseite des Hauses oder wo auch immer sich die Tür befindet, durch die Sie Ihr Haus gewöhnlich betreten. Betrachten Sie den Eingang sorgfältig. Beobachten Sie die Details. Gibt es Fenster? Welche Farben haben die Baumaterialien (Holz, Mauerwerk, Ziegelsteine usw.)? Beobachten Sie dies sehr sorgfältig. Dann kehren Sie der Tür den Rücken und blicken um sich. Was sehen Sie vor sich? Nun drehen Sie sich wieder langsam um, bis Sie vor dem Eingang stehen. Wenn sich dort eine Tür befindet, wie sieht sie aus? Wie hoch ist sie? Welche Farbe hat sie? Wo ist die Türklinke, die Klingel?

Nun öffnen Sie die Tür und stehen in der Türschwelle. Schauen Sie um sich. Gewöhnen Sie Ihre Augen an die eventuelle Lichtveränderung und blicken Sie auf den Fußboden. Wie sieht der Fußboden aus? Ist er aus Stein? Aus Holz? Aus was sonst? Bleiben Sie in Ihrer Phantasie, selbst wenn Ihr Gedächtnis Sie im Stich läßt. Wie sehen die Wände aus? Sehen Sie nach oben. Die Decke? Nun beginnen Sie, sich langsam durch den Raum zu bewegen, in dem Sie sich befinden, und, falls Sie noch nicht in der Küche sind, gehen Sie nun dorthin. Stellen Sie sicher, daß Sie langsam gehen. Lassen Sie sich Zeit. Schauen Sie ständig um sich, nach oben, nach unten, vor sich, hinter sich, nach links und nach rechts. Wenn Sie einen interessanten Gegenstand entdecken, gehen Sie hin und betrachten Sie ihn.

In der Küche gehen Sie nun zur Spüle. Gibt es einen Wasserhahn? Wie sieht er aus? Was befindet sich unter der Spüle? Gibt es einen Ofen oder irgendeinen anderen Herd? Einen Gasherd, einen elektrischen Herd oder einen Holzofen? Was befindet sich zwischen dem Ofen und der Spüle? Wie sieht der Fußboden aus? Gibt es Fenster? Schauen Sie nach oben. Gibt es irgendwelche Lampen? Nun nehmen Sie sich Zeit, sich ruhig umzusehen und interessante Gegenstände zu finden, die Sie gerne näher betrachten möchten.

Wenn Sie sich ausgiebig umgesehen haben, begeben Sie sich nun *langsam* in den Raum im Haus, wo Ihr Bett steht. Gehen Sie langsam, noch viel langsamer. Langsamer zu werden ist eine der schwierigsten Übungen in dieser flüchtigen Bilderwelt.

Nun stehen Sie vor Ihrem Bett und sehen sich um. Wie sieht der Raum um Ihr Bett herum aus? Auch hier blicken

Sie wieder in alle Richtungen, nach oben und nach unten. Betrachten Sie Ihr Bett sehr sorgfältig. Gehen Sie zum Bett und setzen sich darauf. Dann legen Sie sich hin. Langsam! Wenn Decken vorhanden sind, legen Sie sich darunter. Schließen Sie Ihre Augen und erinnern sich daran, wie Sie sich in diesem Bett gewöhnlich gefühlt haben. Bleiben Sie eine Weile so liegen, bis Sie sich genau an die Gefühle erinnern können, die mit diesem Bett verbunden sind. Dann setzen Sie sich langsam auf und sehen sich um. Hat sich irgend etwas in der Umgebung verändert? Schauen Sie nach unten, nach oben, hinter sich und vor sich.

Nun stehen Sie langsam auf und begeben sich im Schnekkentempo zurück zur Tür, durch die Sie hereingekommen sind. Blicken Sie um sich. Sehen Sie irgend etwas, das sich verändert hat, seit Sie den Raum betreten haben? Dann öffnen Sie die Tür (wenn sie geschlossen war) und gehen hinaus. Stehen Sie mit dem Rücken zur Tür und kehren Sie langsam an den Ort zurück, wo Sie mit diesem Buch in der Hand sitzen. Beobachten Sie aufmerksam den Übergang von der Phantasie zum Wachbewußtsein.

Die nächsten Übungen haben mit der Aufzeichnung von Träumen zu tun. Träume schriftlich festzuhalten ist von großer Wichtigkeit. Denken Sie ganz einfach daran, wie viele Träume Sie gehabt haben, bei denen Sie absolut sicher waren, daß Sie sie niemals vergessen würden, nie in Ihrem ganzen Leben. Doch schon nach ein paar Minuten oder manchmal Sekunden verschwanden sie spurlos aus Ihrem Bewußtsein. Das Aufzeichnen der Träume wirkt dieser Auflösung entgegen. Ein aufgeschriebener Traum ist eine Gedächtnisstütze, mit deren Hilfe Sie oftmals Ihren Weg zurück zu dem Traum finden können. Manchmal ist es das einzige, was von einem Traum übrig bleibt, wie Hieroglyphen auf den Ruinen einer untergegangenen Kultur, eine Inschrift auf einem Grabstein aus längst vergangenen Zeiten.

Einige Menschen behaupten, daß sie niemals träumen. Diese Behauptung ist falsch. Besser sollten sie sagen, daß sie sich nicht an ihre Träume *erinnern*. Die Traumforschung hat nachgewiesen, daß jeder ungefähr fünf Traumphasen pro Nacht hat. Während des Traumes bewegen sich die Augen hinter den geschlossenen Lidern sehr rasch. Dies wird REM-Schlaf genannt (REM = rapid eye movement = schnelle Augenbewegung). Jeder hat ungefähr fünf REM-Phasen pro Nacht – viel zu viele Träume, um sich daran erinnern zu können. Der Übergang vom Traumbewußtsein zum Wachbewußtsein geht jedoch mit Vergessen einher. Nun erhebt sich die Frage, wie wir einen Traum behalten können, bevor er sich in Luft auflöst?

Übung 5:
Den Augenblick des Erwachens beobachten

Beginnen Sie mit der Absicht, so bewußt wie möglich aufzuwachen. Versuchen Sie, den Übergang zwischen schlafen und wachen wirklich zu erleben. Wenn Sie aufwachen, *bevor* Ihr Wecker klingelt, bleiben Sie genau in der Position liegen, in der Sie sich befinden, und beobachten Sie, wie Sie vom Schlaf- in den Wachzustand übergehen. Spüren Sie, wie Ihr Körper aufwacht. Wo nehmen Sie Spannungen wahr? Wie fühlt sich Ihr Kopf an? Ihr Atem? Und so weiter... Machen Sie dies eine Woche lang jeden Tag und nehmen Sie sich vor, *sich nicht an Ihre Träume zu erinnern*. Das einzige, was zählt, ist die Beobachtung des Augenblicks, in dem Sie erwachen.

Übung 6:
Vorbereitung zur Aufzeichnung Ihrer Träume

Nachdem Sie Übung 5 eine Woche lang praktiziert haben, legen Sie sich ein Notizheft und einen Stift neben Ihr Bett. Sorgen Sie dafür, daß eine schwache Lichtquelle in Reichweite ist. Das Licht sollte gerade so hell sein, daß Sie Ihre eigene Handschrift lesen können. Sie können auch einen Kassettenrecorder neben Ihr Bett stellen. Diese Methode der Traumaufzeichnung ist jedoch zweifelhaft, weil es sich um einen zusätzlichen Arbeitsgang zwischen Traum und schriftlicher Aufzeichnung handelt. Innere Widerstände können Sie davon abhalten, die auf Band gesprochenen Träume niederzuschreiben und Sie haben letztendlich nur stundenlanges Gemurmel und keinen Text.

Nun wiederholen Sie die vorherige Übung, während Sie sich gleichzeitig bewußt sind, daß ein Notizbuch geduldig neben Ihrem Bett wartet. Versuchen Sie nicht, sich an irgendeinen Traum zu erinnern. Wenn Ihnen jedoch ein Traum einfällt, schreiben Sie ihn auf.

*

Übung 7:
Ihre Träume notieren

Wenn die Traumerinnerung kein Problem für Sie ist, beginnen Sie mit dieser Übung. Es gibt einige Methoden der Traumaufzeichnung, von denen ich nachfolgend drei beschreiben möchte.

1. Sie erwachen mit einem Traumfragment, an das Sie sich verschwommen erinnern. Bleiben Sie nun ruhig in derselben Lage, wie ein Jagdhund, der seine Beute beobachtet. Stürzen Sie sich nicht sofort auf den Traum, sondern betrachten Sie ihn einen Augenblick lang. Dann greifen Sie mit geschlossenen Augen nach dem Stift und schreiben nun genau auf, an was Sie sich in bezug auf das Traumbruchstück noch erinnern. Dann halten Sie wieder ein. Lenken Sie Ihre Aufmerksamkeit nun wieder auf dieses Bild. Oftmals taucht nun ein weiteres Bild aus demselben Traum auf. Schreiben Sie es nieder. Von diesem Punkt an können Sie oftmals den ganzen Traum rekonstruieren.

2. Sie wachen mitten in der Nacht mit der Erinnerung an einen ganzen Traum auf und haben das Gefühl, daß es zuviel ist, um alles auf einmal aufschreiben zu können. In diesem Fall zeichnen Sie zunächst die hervorstechendsten Details des Traumes in ein paar Stichworten als Gedächtnishilfe auf. Zum Beispiel: »Rohbau, Bernhardiner namens Angie, Bulldogge, Kampf, Genick, sind fort, habe Angst. Kehren zurück, bin glücklich.« Dann schlafen Sie weiter. Wenn Sie am Morgen nicht die leiseste Ahnung haben, auf was sich diese Schlüsselworte beziehen, ist es schief ge-

gangen. Falls Sie sich erinnern, rufen Sie sich nun die Bilder ins Gedächtnis zurück, so wie Sie dies bei Ihrem imaginären Rundgang durch Ihr Haus getan haben (Übung 4) und versuchen, jedes Detail mehr oder weniger gut leserlich aufzuschreiben. Viele Träume verschwinden, weil sie unleserlich aufgeschrieben worden sind.

3. Sie wachen morgens mit einem Traum auf. Sie beginnen damit, die letzte Szene aufzuschreiben, danach gehen Sie bis zum Anfang des Traumes zurück. Oder Sie schreiben ihn vom Anfang bis zum Ende auf. Halten Sie sich nicht zu sehr mit dem roten Faden der Geschichte auf, denn sonst entfallen Ihnen womöglich die Details der Bilder. Am besten ist es, die Bilder von *innen* heraus zu beschreiben, so daß Sie sich nur umsehen müssen.

Unter der Dusche und beim Frühstück prägen Sie sich den Traum tief in Ihr Gedächtnis ein. Wenn Sie Lust dazu haben, können Sie ihn jemandem erzählen. Wenn Sie dies tun, erinnern Sie sich oftmals an Dinge, die Sie zuvor übersehen haben. Beim Erzählen des Traumes findet bereits eine Spiegelung statt, ohne daß die andere Person irgendeinen Kommentar abgibt. Ein Zuhörer verändert die Perspektive. Sie lernen den Traum auswendig, so als ob er ein Gedicht wäre. Der Traum beginnt, Worte wie einen Duft abzugeben, während Sie darüber nachsinnen. Auf diese Weise behalten Sie den ganzen Tag über Zugang zu Ihren Träumen. Jedesmal, wenn Sie ins Bad gehen oder wenn Sie einen Augenblick allein sind, vertiefen Sie sich kurz in den Traum. Erinnern Sie sich an jedes Detail. Bevor Sie schlafen gehen, spielen Sie den Traum noch einmal durch.
Gute Nacht.

Selektieren Sie Ihre Träume nicht, bevor Sie sie aufschreiben. Oftmals sind es Widerstände, die einen Traum auf den ersten Blick trivial erscheinen lassen. Wenn Sie den Traum jedoch etwas gründlicher analysieren, liefern diese scheinbar unbedeutenden Träume häufig eine Menge Material. Manchmal schreibt man Träume nicht auf, die andere mißbilligen würden (die Eltern, der Ehegatte, eventuelle Schnüffler: »Ich habe immer das Gefühl, daß jemand in meinem Traumtagebuch herumschnüffelt, wenn ich nicht da bin«). Danken Sie dem heiligen Augustin und den höheren Mächten dafür, daß sie uns nicht verantwortlich für unsere Träume gemacht haben, und schreiben Sie besonders diese Träume erst recht auf.

Glauben Sie niemals, daß Sie sich für immer an einen Traum erinnern werden und ihn deshalb nicht aufschreiben müssen. Nach fünf Minuten ist diese »ewige« Erinnerung womöglich schon verschwunden.

Übung 8:
Mit einem Überfluß an Traummaterial umgehen

———

Nun kommen wir zum gegenteiligen Problem von »Ich träume niemals«, das heißt: »Ich habe so viele Träume, daß ich die ganze Nacht bräuchte, um sie aufzuschreiben, und jeden Tag sieben neue Träume hätte, mit denen ich mich beschäftigen könnte«.

In der Analyse passiert es manchmal, daß Analysanden so viel Traummaterial mitbringen, daß wir zu nichts anderem kommen. Manchmal ist dies ein Phänomen des Widerstands, bei dem das wesentliche Material hinter dieser Überfülle verschwindet. Gewöhnlich paßt sich die Traumerinnerung an die Quantität an, die vom Tagesbewußtsein bewältigt werden kann. Wenn dies aus irgendeinem Grund nicht der Fall ist, ergibt es für mich keinen Sinn, mit blutunterlaufenen Augen und Gummiknien durch den Tag zu wanken, weil man die ganze Nacht wachgelegen und damit beschäftigt war, seine Träume aufzuschreiben. In diesem Fall erinnern Sie sich an zwei Träume. Wenn Ihnen mehr Träume einfallen und Sie sich an einen besonders lebhaft erinnern, tragen Sie ihn in Ihr Traumtagebuch ein. Die anderen Träume müssen leider Waisenkinder bleiben.

*

Wenn Sie diese Übungen wie ein Schulkind machen, das in den Sommerferien Fleißaufgaben machen muß, und wenn Sie jedesmal einen bösen Blick zugeworfen bekommen, wenn Sie Ihre Aufgaben nicht vollenden, sind Sie in einer Vorstellung gelandet, die viele Widerstände hervorrufen wird. Seien Sie sich immer bewußt, aus welcher Einstellung heraus Sie diese Übungen machen. Sehen Sie sich als Sherlock Holmes, als Zauberlehrling, als Selbstheiler oder als Forscher?

Traumarbeit ist mit vielen Widerständen verbunden. Dies verursacht oftmals eine Aversion gegenüber der Arbeit mit Träumen. Versuchen Sie, die Widerstände so intensiv wie möglich wahrzunehmen. Sie können in Form von Widerwillen, Langeweile, dem Gefühl, mit etwas völlig Unwichtigem beschäftigt zu sein oder dem Gefühl, sich lächerlich zu machen, zum Ausdruck kommen. Versuchen Sie nicht, gegen diese Widerstände anzukämpfen. Beobachten Sie sie ganz einfach. Geben Sie ihnen so viel Raum, wie sie wollen. Es ist viel wichtiger zu lernen, Widerstände zu spüren, als sie zu beseitigen.

2 Ein Traumtext

Nun, wo wir die Tatsache klar erkannt haben, daß zwischen einem Traum und einer Traumgeschichte ein großer Unterschied besteht – vergleichbar dem Unterschied zwischen einer Geschichte in der Zeitung und dem tatsächlichen Ereignis, das sie beschreibt –, wollen wir uns mit einem aufgezeichneten Traum, einem Traumtext, beschäftigen.

Sie haben einen Stift auf Ihren Nachttisch neben Ihrem Bett gelegt, in die Nähe des gedämpften Lichts, das gerade hell genug ist, um schreiben zu können, und Sie erinnern sich an einen Traum. Er ist Ihnen nicht durch die Finger geglitten und Sie konnten ihn mitten in der Nacht rasch aufschreiben. Nun ist der Morgen des nächsten Tages angebrochen und Sie können sich immer noch klar an einige Bilder erinnern, aber andere fallen Ihnen nicht mehr ein, wenn Sie den Traumtext, den Sie nachts hastig hingekritzelt haben, durchlesen. Es geschieht sehr oft, daß man einen Traum zur Hälfte vergißt: der Traum besteht zum Teil aus lebendigen Bildern, die man wiedererleben kann, und zum anderen Teil aus Aufzeichnungen einer verschwundenen Ära, einem vergessenen Traum.

Was können wir mit diesen Aufzeichnungen, diesen Traumtexten anfangen? Ich gehe davon aus, daß ein Traum ein psychischer Organismus ist, eine lebendige Realität in räumlicher Form. Man kann kein Organ aus einem Menschen entfernen, ohne den ganzen Körper zu verändern, und dasselbe gilt für ein Traumbild. Alle Bestandteile eines Traumbildes gehören zur Identität des Traums. Jeder Teil ist notwendig für die Existenz eines speziellen Traumbildes.

Ein Traumbild ist eine komplexe Konstruktion, die aus verschiedenen Teilen besteht. Beginnen wir mit einem Traumbild einer meiner Patientinnen, die ich Stella nennen möchte: »Ich bin in einem Flugzeug (englisch: »plane«) gefangen, dessen Boden (englisch: »bottom«) aus Glas ist.« Dieses Eröffnungsbild des Traumtextes enthält fünf Teile: Ich, gefangen, Flugzeug, Glas, Boden. Diese fünf Komponenten sind gleichzeitig vorhanden und können in verschiedener Weise miteinander kombiniert werden.

Die englischen Worte »*plane*« und »*bottom*« haben zwei verschiedene Bedeutungen: »plane« bedeutet »airplane« (Flugzeug) und darüber hinaus »level« (Ebene); »bottom« bedeutet »underside« (Boden) und auch »buttocks« (Hintern). Dies sind sprachliche Doppelbedeutungen, die auch im Traum eine Rolle spielen:

– Meine Gefangenschaft besteht in der Tatsache, daß ich von einer erhobenen Position hinter Glas auf die Welt hinabsehe.

– Ich bin wie eine Gefangene auf diesem Flug mit einem Glasunterteil; leichtsinnig.

- Von meiner erhöhten Ebene aus steht das Glas zwischen mir und der sichtbaren Welt unter mir. Ich bin an diesen Zustand gefesselt wie eine Gefangene.
- Meine fliegende Seele ist bestimmt, distanziert zu sein.
- Wenn mein Glashintern fliegt bzw. flieht, fühle ich mich wie eine Gefangene; ich bin eine Gefangene dieses »Fluges des Glashinterteils«, gefangen in der hohen Geschwindigkeit.

Ich versuche, neue Bilder aus den simultanen Bildelementen zu erschaffen. Während ich die Bildelemente wie ein Kartendeck mische, kommen mir allmählich vage Vorahnungen. Die symbolische Bedeutung der Bilder, die Metapher, beginnt, sich abzuzeichnen. Dies ist die Verarbeitung des rohen Traumtextes, bis er eine Metapher ergibt. Dafür ist es auch notwendig, die besonderen Eigenschaften jedes einzelnen Bestandteils des Bildes an die Oberfläche zu bringen, indem man die Träumerin nach Assoziationen zu bestimmten Bildern fragt. Zum Beispiel: »Was fällt Ihnen ein, wenn Sie an Flugzeuge denken?« Dies führt zu assoziativen Querverbindungen, die einen direkten oder annähernden Bezug zu dem Traumbild haben, wie zum Beispiel: »Letzte Woche saß ich in einem Flugzeug nach …« oder »Als ich klein war, hatte ich Angst vor dem Fliegen« oder »Meine Tante ist eine Pilotin«.

Nach Assoziationen zu fragen ist einer der wesentlichen Bestandteile der Traumarbeit. Es stellt einen Zusammenhang zwischen dem Traum und dem Alltag der Träumerin her.

Neben diesen persönlichen Assoziationen erzeugt jedes Wort eine Art elektromagnetisches Feld der Bedeutung, die gewöhnlich mit diesem Wort assoziiert wird. Nach den persönlichen Assoziationen können wir uns den Bereichen zuwenden, die mit diesen Worten verbunden sind:

- Ich: das Selbstbild, mit dem ich mich gewöhnlich identifiziere, von dem aus ich auf die Welt reagiere und von dem ich gewöhnlich glaube, daß ich selbst es bin.

- Gefangene: eingeschlossen, eingeschränkt, in etwas eingesperrt, aus dem man sich nicht befreien kann; introvertiert, verschlossen, eingekerkert, isoliert.

- Flugzeug: fliegt durch die Luft, große Geschwindigkeit, erfunden von der rationellen Genialität, angetrieben durch kontrollierte Explosion, fern, befindet sich auf der Flucht; Ebene, flache Oberfläche, zweidimensional.

- Glas: beinahe unsichtbare Trennung, Beobachtung, ohne dem Beobachteten ausgesetzt zu sein, getrennt von den unmittelbaren Ereignissen, man sieht durch etwas hindurch, ohne zu fühlen; transparent, zerbrechlich.

- Boden: Unterseite, untere Teile, tief, Schnittstelle zu dem, was darunter ist; dahinter, Hintern, Geschlechtsorgane.

Dieses Traumbild vermittelt den Eindruck einer Ich-Figur, die sich eingeschränkt fühlt, weil sie in sich selbst gefangen ist. Eine Ich-Figur, die distanziert von oben herab auf die Welt blickt, sich zerbrechlich und nicht wirklich als Teil des unmittelbaren Lebens fühlt. Jemand, der von der Vitalität abgeschnitten ist, von einem genialen Tempo angetrieben wird, von oben auf andere herabsieht, jemand auf der Flucht vor seiner empfindlichen Sexualität, während er sich als Person ständig bloßgestellt fühlt, und dessen Kontakt mit der Alltagswirklichkeit leicht zu erschüttern ist.

Übung 9:
Die Traumkomponenten mischen

Stellen Sie so viele Verbindungen zwischen den einzelnen Bestandteilen (Ich, Gefangene, Flugzeug, Glas, Boden) her, wie Sie können. Sie haben gerade eine der vielen Möglichkeiten für ein solches Vermischen gelesen. Je mehr Zeit Sie darauf verwenden, um so klarer wird das Bild. Machen Sie diese Übung schriftlich und verwenden Sie sie als Basis für die Deutung des ganzen Traumes, dessen Ausgangssituation das genannte Bild ist.

Nachfolgend finden Sie den Text des ganzen Traums, so wie ihn die Träumerin aufgezeichnet hat:

Ich bin in einem Flugzeug gefangen, dessen Boden aus Glas ist – wir stürzen ab – das Flugzeug ist außer Kontrolle – ich bitte zwei andere Frauen im Flugzeug, mir die Hand zu geben und mit mir zu meditieren. Eine tut es. Wir sind sehr still angesichts des bevorstehenden Todes. Wir landen und es sind viele Leute da – verwahrloste Typen – jemand nickt, wodurch er mir zu verstehen gibt, daß es stimmt, was ich denke – wir alle sind gierig nach Sex. Eine Frau findet einen Mann, der sauberer ist (ich glaube, er ist beim Militär), und sie will mit ihm ins Bett gehen. Sie findet einen Mann für mich. Er ist weißgekleidet – wie Al Huang – wahrscheinlich ein Arzt. Ich fühle mich zu ihm hingezogen und auch ich gefalle ihm. Er lächelt und hat eine ungezwungene Art. Ich fühle mich nicht bedroht. Ich sage ihm, daß ich mich erst waschen muß – schwere Zeit – Wasser läuft über – ich pinkle in die Dusche mit Holzfußboden * – kann das Wasser nicht abdrehen, usw. Jemand kommt zu mir. Ich habe Angst, daß der Mann böse wird, weil wir zu lange gebraucht haben – wir suchen ihn und er ist in seinem Zimmer, das drei oder vier Stockwerke höher liegt (wir sehen Licht).

Ein Ziel der Traumarbeit besteht darin, die Bilder des Traums mit dem persönlichen Leben der Träumerin zu verbinden. An früherer Stelle haben wir uns mit dem Eröffnungsbild dieses Traumes befaßt. Ausdrücke wie »distanziert« und »auf der Flucht« stehen in einem Zusammen-

---

* Der Träumerin unterläuft in ihrem Traumtagebuch ein Rechtschreibfehler: statt »pee« (englisch; = pinkeln) schreibt sie »pea« (englisch; = Erbse). – Anm. d. Übers.

hang mit dem Leben der Träumerin. Vor vier Jahren zerbrach Stellas Beziehung zu ihrem Ehemann nach einer sexuell sehr aktiven Ehe. Seitdem lebt sie allein und hatte seither keine intimen Beziehungen. Nun ist sie Anfang 40 und arbeitet seit zwei Jahren mit mir. Nachdem sie ihren Mann verlassen hatte, wurde sie Professorin an einer Universität.

Ein gewisses Maß an Distanziertheit stand Stella bei intimen Beziehungen im Weg. Sie hatte kein Sexualleben und verbrachte ihre Zeit damit zu lehren, zu studieren und einige Stunden pro Tag zu meditieren. Offensichtlich gibt der Traum eine Situation wieder, in der sie abgehoben vom Alltagsleben gefangen ist. Stella betrachtet die Welt von einem sicheren Standort hinter Glas aus, und auf dieser erhöhten Ebene hat sie keinen intimen Kontakt (Gesäß aus Glas). Dann eskaliert die Situation, indem das Flugzeug abstürzt. Fliegen scheint ihr ein Gefühl der Kontrolle über ihr Leben zu vermitteln, denn in dem Augenblick, wo das Flugzeug abstürzt, hat sie das Gefühl, daß sie »die Kontrolle verliert«.

Bevor wir diesen Traum nun weiter analysieren, stellen Sie sich folgende Szene vor: Sie sitzen in einem Flugzeug, das abstürzt. Was empfinden Sie? Ihr ganzes Leben bricht zusammen – Sie haben das Gefühl, als ob Sie das Steuerrad nicht mehr unter Kontrolle haben. Sie stürzen ab; fallen; Höhenangst. Tod!

Die Ich-Figur in Stellas Traum ist sehr ruhig. Beinahe eiskalt, würde ich sagen. Allgemein ist die Ich-Figur ein Aspekt des habituellen Bewußtseins. Das heißt, sie reflektiert die gewohnheitsmäßigen Reaktionen und das Verhal-

41

ten eines Menschen. Der Grund, warum ich diese Ich-Figur nicht »die Träumerin« nenne, besteht darin, daß im Augenblick des Träumens die Träumerin und der Traum identisch sind. Der Traum *ist* der Traum. Das Ich-Bewußtsein ist nur ein Aspekt der Traumwelt und der Träumerin.

»Ja«, sagt Stella in bezug auf eine Assoziation zu diesem ruhigen, kaltblütigen Ich, »der Tod erschreckt mich überhaupt nicht. Er ist ein ständig wiederkehrendes Element in meiner Meditation.«

Stellas Selbsterfahrung deckt sich hier mit den Reaktionen der Ich-Figur.

Der Traum vermittelt jedoch ein ambivalentes Bild. Es tauchen zwei weibliche Figuren auf, denen Stellas Ich-Figur die Hand geben möchte. Bei diesem meditativen Absturz in den kurz bevorstehenden Tod kann Stella nur den Kontakt mit einer der beiden Figuren aufrechterhalten. Sie kann nur einer der beiden Frauen die Hand geben. Die andere Frau betont ihre Unabhängigkeit von Stella, indem sie ihr nicht die Hand gibt. Dies stellt sich später noch als sehr wichtig heraus, weil die andere Frau weiß, wie man mit der Welt dort unten umgeht.

Wir landen auf festem Boden im »Land der vielen Menschen«, Menschen im kollektiven Sinne also. Eine Welt verwahrloster Charaktere. Eine bunte Menge. Trunkenbolde, Säufer. Degradierung. Hier ist alles heruntergekommen, durch den Schmutz gezogen. Die Welt als Misthaufen, eine schmutzige Welt. (Nun verstehe ich, warum sie auf einem Flug in großer Höhe geschützt/gefangen war.) Ein Sammelsurium von Dreck, Fäulnis und Schmutz, gefolgt von Sex.

Indem Stella das Bild von innen nach außen kehrt, beschreibt sie eine Welt von verwahrlosten Slums mit dreckigen Straßen und unrasierten Männern, die betrunken durch die Gassen torkeln.

Dann taucht eine Figur auf, die mit dem Kopf nickt. Sie kann sich nicht mehr klar an die Figur erinnern. Nur an das Nicken.

Das griechische Wort für »nicken« ist *numen*. In der griechischen Mythologie deutet eine Gottheit ihre überwältigende Realität durch ein Kopfnicken an. Von dem Wort *numen* leitet sich *numinos* (göttlich, unbegreiflich) ab, was auf den irrationalen Aspekt der heiligen, mysteriösen Göttlichkeit hinweist, der uns fasziniert und uns erschaudern läßt.

Das irrationale Geheimnis, das Stella erschaudern läßt, ist Sex. »Wir alle sind gierig nach Sex.« Gierig nach Sex. Hier wird sexuelle Lust bildlich dargestellt. Angesichts dieser Lust ist die Ich-Figur machtlos und überwältigt. Das hochfliegende, gewohnte »Ich« ist kampfunfähig. Dies ist eine Welt, in der man von sexueller Lust in ihrem schmutzigen Aspekt ergriffen wird. Hier ist alles schmutzig und faul, verkommen und ungewaschen, es macht betrunken und berauscht. Dies ist das häufig beschriebene Urbild vom uneingeschränkten Ausleben der Leidenschaften. An diesem Punkt beginnt die Suche nach einem saubereren Mann, eine Suche nach Reinheit in dieser ekelhaften, sexbesessenen Welt. Die unabhängige andere Frau findet sich in dieser dunklen Welt offensichtlich gut zurecht. Sie findet eine Beziehung in dieser unheilvollen Welt. Sie ist militant und trifft den Soldaten. Stella hat kaum irgendwelche

Assoziationen zu dem Soldaten. Sie sagt nur: »Krieg, ein Soldat, der kämpfen kann; ein Ritter, der sie beschützen wird«. Der ritterliche Mann, der sie in den Scharmützeln des Sex beschützen kann. Eine ähnliche Figur erscheint für Stella – der Arzt in Weiß.

Sex mit dem weißgekleideten Doktor. Er sieht aus wie Al Huang, ein berühmter chinesischer T'ai Chi-Lehrer. In einem der Workshops, wo ich mit diesem Traum arbeitete, brachten viele Teilnehmer Al Huang mit »wang« in Verbindung, was Penis bedeutet. »El Wang«. Der heilende Phallus.

Dieser heilende Sex, dieses sexuelle »Verarzten«, geschieht durch den exotischen Arzt. Dieser ungewöhnliche Doktor nimmt dem Sex das bedrohliche Element und macht ihn weiß, rein und attraktiv.

Mit Hilfe der anderen Frau wurde daher eine Veränderung in der sexuellen Erfahrung bewirkt. Nun kann sie ärztlich behandelt werden.

An diesem Punkt wird deutlich, daß dieser Traum Übertragungselemente enthält. Insofern als der Ritter und der Arzt durch die Person des Psychoanalytikers erfahren werden, werden sie mit ihm identifiziert. Daraus kann sich ein unbewußtes Rollenspiel entwickeln. In der Sprache der Psychoanalyse nennt man dieses Rollenspiel Übertragung und Gegenübertragung. Oftmals ist diese imaginäre Beziehung sexueller Natur. Nun beginnen die »Wasserspiele«.

Es ist ein interessantes Durcheinander – eine überfließende, unaufhaltsame Libido. Aufdrehen. Der Wasserhahn läßt sich aufdrehen, aber wenn er erst einmal aufgedreht ist, kann man ihn nicht mehr abdrehen. Stella möchte sauber werden – gereinigt. Das sexuelle Verarzten soll in angemessener, peinlicher Sauberkeit stattfinden. Aber sie kann ihre aufwallenden Gefühle nicht mehr zurückhalten. Ihre Emotionen strömen mit einer solchen Macht aus ihr heraus, daß sie auf den hölzernen Fußboden pinkelt. Sie ist voller Saft, randvoll. Stella schrieb in ihrem Tagebuch »pea« und nicht »pee«. (Freud lehrte uns, daß Flüchtigkeitsfehler beim Schreiben und Sprechen von besonderer Bedeutung sind.) Was bedeutet das Bild »pea« (= Erbse) in diesem Zusammenhang? Erinnern Sie sich an die Geschichte von der Prinzessin auf der Erbse. Sie war so empfindlich, daß jede Unebenheit in ihrem Bett dazu führte, daß sie die ganze Nacht wachlag. Sie konnte wegen einer Erbse unter zwölf Matratzen nicht schlafen. Die Welt der gewöhnlichen Erbse bringt die Welt der Prinzessin aus dem Gleichgewicht.

Das Bild der Erbse fügt dem Bild der zerbrechlichen Erhobenheit, in der das Flugzeug Stella gefangenhielt, eine Neigung zur Überempfindlichkeit hinzu. Die hochmütige Prinzessinnennatur, die so überempfindlich ist, hält sich fern (viele Matratzen dick) von der Welt der kleinen Irritationen dort drunten am Boden, die sie aus der Ruhe bringen.

Wer ist der orientalische Arzt, mit dem Stella nun sexuell verkehren muß?

Der Arzt wohnt im dritten oder vierten Stock. Drei oder vier Stockwerke höher. In diesen Niederungen des Sex lebt er darüber. Er ist ein Zwischenspiel zwischen oben und unten und hat an beiden Realitäten teil. Er ist die Impfung, die Stella vor dem allzu direkten Angriff dieser unzüchtigen und verkommenen Welt schützen wird. Seine Penetration wird sie mit Sex erfüllen. Homöopathisch gesehen ermöglicht er, daß diese dunkle Unterwelt, in die sie hineingefallen ist, sie nicht vergewaltigt und zerstört und doch in sie eindringen kann. Er impft sie. Er ist ein Licht in einer finsteren Welt (»wir sehen Licht«). Orient – Orientierung; ein Richtungsanzeiger in der dunklen Welt der sexuellen Leidenschaft. Intimität ist nach einer langen Phase der Distanziertheit wieder möglich geworden.

3 Träumen zuhören

Wenn man mir einen Traum erzählt hat, ist meine erste Reaktion gewöhnlich folgende: »Ich habe nicht die leiseste Ahnung, was das alles soll. Es scheint fast so, als ob Träume reiner Unsinn wären – oder vielleicht übersteigt die Kompliziertheit der Traumwelt mein Begriffsvermögen.« In einem solchen Augenblick fühle ich mich wie ein Scharlatan, ein Übersetzer, der seine Fremdsprachen nicht beherrscht, ein Hochstapler. Kurz gesagt, ich fühle mich schrecklich minderwertig. Träume scheinen von Natur aus unverständlich, unsinnig und eine Beleidigung des »gesunden Menschenverstandes« zu sein. Wenn ich jedoch nicht so reagiere – wenn ich sofort genau weiß, um was es in dem Traum geht –, nehme ich gewöhnlich an, daß ich einen inneren Widerstand habe und versuche, den Traum unschädlich zu machen, indem ich ihn sofort verstehe. Ein Traum ist in unserem Tagesbewußtsein nicht zu Hause. Wie Merkur, der Gott der Diebe, haben wir den Traum aus seinem nächtlichen Reich gestohlen. Jeder Traum erfordert, daß man sich in einen traumähnlichen Bewußtseinszustand versetzt, aus dem heraus man die Traumwelt nachvollziehen kann. Dieser Wechsel in ein Traumbewußtsein ist ein Schock. Das Tagesbewußtsein stutzt, wenn es mit einer Logik konfrontiert wird, die ihm *von Grund auf* fremd ist.

Die Tatsache, daß das rationale Bewußtsein ins Straucheln gerät, ist ein schmerzliches Erlebnis, verbunden mit einer Vielzahl von Widerständen. Niemand strauchelt gerne, und der Traum bringt uns zu Fall. Wenn man daher einen Traum mit Hilfe der Logik des Wachzustands zu deuten versucht, indem man vorgefaßte Parallelen zieht, wird diese Deutungsmethode der Diskrepanz zwischen Traumrealität und der Wirklichkeit des Wachzustands nicht gerecht und ist daher grundsätzlich unangemessen.

Eine der Aufgaben der Traumarbeit besteht darin, unser Wachbewußtsein immer wieder zum Straucheln zu bringen, um unsere festgelegten Meinungen zu erschüttern. Es ist eine unangenehme Aufgabe, die unser normales Bewußtsein oftmals als Quälerei empfindet.

Aus diesem Grund ist es von größter Wichtigkeit, wenn man den Berichten von Träumen lauscht, sich zu keinen voreiligen Deutungen hinreißen zu lassen (»ich hab's!«) und dem Traum mit der Bereitschaft zuzuhören, die Last seiner völligen Unverständlichkeit zu tragen. Einen Traum sofort zu verstehen hat meistens zur Folge, daß man die Traumwirklichkeit in bereits bestehende Vorstellungen preßt. Daher trägt dies mehr zu einer Verhärtung des Bewußtseins bei als zu einer tatsächlichen freien Entfaltung des Bildes.

Nun werden Sie also mit einem Traum konfrontiert, der Ihnen ein völliges Rätsel ist. Dies ist ein guter Anfang. Lassen Sie sich den Traum auf jeden Fall zweimal erzählen.

Bevor Sie zum ersten Mal dem Traumbericht zuhören, spüren Sie in Ihren Körper hinein. Wo sind Energiestaus, wo fühlen Sie Schmerzen und wo fühlen Sie sich wohl? Beginnen Sie bei Ihren Füßen und gehen Sie langsam nach oben. So können Sie feststellen, ob und wie sich Ihre Körperempfindungen während des Traumberichts verändern.

Dann überprüfen Sie kurz, was Sie im Augenblick beschäftigt. Welche Bereiche sind besonders aktiv? So können Sie erkennen, ob sich Ihre Stimmung verändert, während Sie dem Traumbericht lauschen.

Lassen Sie sich also den Traum erzählen.

Hören Sie mit einem Ohr dem Bericht zu und lenken Sie den Rest Ihrer Aufmerksamkeit darauf, wohin Ihre Gedanken schweifen. An welchem Punkt wird es Ihnen beispielsweise langweilig? Wo fangen Sie an zu glauben, daß Ihnen kompletter Unsinn aufgetischt wird? Sie beginnen, über etwas nachzudenken, das nichts mit dem zu tun hat, was Sie hören. Plötzlich taucht aus dem Nichts ein Bild aus Ihrer Vergangenheit in Ihnen auf, an das Sie lange nicht mehr gedacht haben.

Oder Sie stellen fest, daß der Traum sich vor dem Hintergrund einer Erinnerung an Ihren Kumpel aus Ihrer Kindheit entfaltet. In Ihrer Welt findet die Traumhandlung in der Nähe der Haustür Ihres Freundes statt. Oder Sie werden plötzlich erregt und beginnen über alle möglichen pornographischen Bilder nachzudenken. Vielleicht verspüren

Sie den Drang zu masturbieren. Oder Sie werden plötzlich ärgerlich. Oder Sie sind angewidert. Und so weiter...

Als ich beispielsweise Stellas Flugzeugtraum zuhörte, dachte ich ständig an einen Jungen namens Jimmy aus meiner Nachbarschaft in Holland. Ich sehe ihn am Kanal entlanggehen. Es hat nichts mit dem Traum zu tun. Nachdem die Arbeit mit dem Traum beendet ist, vergewissere ich mich, daß ich mich wieder an dieses Bild erinnere, so als ob es mein eigener Traum wäre, der mit dem Traum korrespondiert, den man mir gerade erzählt hat. Ich erinnere mich plötzlich, daß Jimmy an einer Grippe gestorben ist und daß seine letzten Worte waren: »Nun gehe ich zu den Engeln.« Es war das erste Mal, daß jemand, der mir nahestand, gestorben war. Offensichtlich rief der Traum primitive Todesängste wach und brachte das strukturelle Bindeglied zwischen Tod und fliegenden Engeln in meiner Welt hervor. Ich muß unbewußt »Flugzeug« mit »Himmel« als dem Wohnsitz des Todes assoziiert haben.

Nun habe ich eine Beziehung zu Stellas Traum mittels meines eigenen Bildmaterials.

Kurzum, wenn Sie dem Traum eines anderen zuhören und ein eigenes Bild auftaucht, eines, das eindeutig in keinem direkten Zusammenhang mit dem Traum steht, prägen Sie sich dieses Bild kurz ein und beobachten Sie, ob sich daraus eine Parallele zu dem Traum entwickelt.

Wenn eine ganze Reihe dieser irrelevanten Bilder auftaucht, machen Sie eine Stichprobe mit einem Bild, das Ihnen entweder sehr wichtig oder sehr unwichtig erscheint. Wenn Sie bemerkt haben, daß ein bestimmter Teil des Traumes sehr langweilig war oder Sie dabei fast eingeschlafen sind, nehmen Sie es als Faustregel, daß Widerstände in Verbindung mit diesem Teil des Traumes vorhanden sind. Widerstände von seiten des Träumers sind häufig unbewußt und können unbewußt auf den Zuhörer übertragen werden. Manchmal ist es ziemlich bedeutsam, wenn Sie tatsächlich einschlafen, während Sie einem Traum zuhören. Lassen Sie die Schläfrigkeit zu und beobachten Sie, an welchem Punkt Sie müde geworden sind. Oder vielleicht fühlten Sie einen stechenden Schmerz im Knie, als Sie dem Traum lauschten. Vor dem Traum hatten Sie Magenschmerzen, aber dann machte sich das Knie bemerkbar. Sie konzentrieren sich auf Ihr Knie und spüren, wie Sie einen Tritt zurückhalten. Sie wollen dem Träumer einen Tritt versetzen. Warum? Sie verspüren keine bewußte Aggression. Dann stellen Sie fest, daß Sie immer ein ähnliches Bedürfnis verspüren, jemanden zu treten (einschließlich sich selbst), der versucht, Sie hinters Licht zu führen.

Nehmen wir einmal an, Sie hätten Schmerzen in Ihrer Lunge. Wenn Sie diesem Schmerz nachgehen, erkennen Sie, daß Sie Ihren Atem angehalten haben, während Sie dem Traum zuhörten, und daß Ihnen die ganze Traumatmosphäre das Gefühl gegeben hat, in einem engen Schrank eingeschlossen zu sein. (Jeder Traum hat seine eigene Atmosphäre, ebenso wie die Himmelskörper. Oftmals ist diese Atmosphäre das einzige, was ein Traum hinterlassen hat.) Oder Sie haben Kopfweh. Ihr Kopf ist irritiert. Der Intellekt ist kleinen Störungen ausgesetzt. Metaphern zeigen sich oftmals buchstäblich als körperliche Symptome.

Bitten Sie den Träumer, den Traum weitgehend von innen heraus zu erzählen, das heißt so, als ob der Traum gerade jetzt stattfinden würde. Auf diese Weise kann der Träumer die Details und die Atmosphäre der Bilder in seinem Geist so klar wie möglich wachrufen. Bitten Sie den Träumer, eine Art Reiseführer zu spielen, der seine Mitreisenden in dem Traum herumführt.

Nun wird der Traum ein zweites Mal erzählt.

Bisher hat bereits ein Prozeß stattgefunden. Der erste Bericht wird in dem zweiten reflektiert. Zusammenhänge werden sichtbar. Sie hören den Traumbildern zu und versuchen nun, Ihre Aufmerksamkeit voll auf sie zu konzentrieren. Sie achten auf den Rhythmus, in dem der Traum erzählt wird. Wo wird die Erzählung schneller? Wo wird das Tempo schleppend? Sie hören auf den Tonfall und achten auf den Gesichtsausdruck und die Körpersprache. Kurz, Sie beobachten den Träumer oder die Träumerin, während er oder sie den Traum erzählt. Oftmals schließe ich auch meine Augen, während ich Träumen zuhöre, und konzentriere mich hauptsächlich auf die Stimme. Dies hängt sehr stark vom einzelnen ab. Versuchen Sie, die Bilder zusammen mit dem Träumer zu visualisieren. Bei dem Flugzeugtraum beispielsweise stellen Sie fest, daß es um ein »oben in der Luft/unten auf der Erde-Thema« geht. Sie versuchen zu beobachten, ob es einen besonderen Standpunkt gibt, von dem aus Sie den Traum betrachten können. Ich betrachte diesen Traum beispielsweise von der Perspektive des weißgekleideten Doktors aus.

An dieser Stelle ist es vorteilhaft, den Traum schriftlich vor sich liegen zu haben, so daß Sie dem Traum auch als Text folgen können. Manche Psychotherapeuten, die mit Träumen arbeiten, sind gegen das schriftliche Niederlegen von Träumen, weil das Aufschreiben der Träume ihre Realität auf einen festgelegten Text reduziert. Man sollte diesen Einwand in Betracht ziehen und sich den Traum vortragen lassen, ohne daß der Träumer dabei auf den geschriebenen Text sieht. Auf diese Weise kann der Traum aus der Erinnerung heraus wiedererzählt werden. Es ist auch interessant zu beobachten, wo die erste Erzählung des Traumes von der zweiten abweicht.

Nun beginnen Sie, den Text zu analysieren.

An dieser Stelle schlagen Sie womöglich verzweifelt die Hände über dem Kopf zusammen und sagen: »Ich kann nicht alles auf einmal verarbeiten.« In diesem Fall möchte ich Ihnen einen Tip geben: Vergessen Sie alle Bemerkungen, die ich bisher gemacht habe. Dies sind nur ein paar Faustregeln, die manchmal hilfreich sind, ein Ratschlag, wie man die Kunst der Traumarbeit entwickeln kann. Bei dieser Arbeit ist es wichtig, bestimmte Dinge zu lernen und sie dann wieder zu vergessen, damit sie die Fähigkeit der spontanen Beobachtung nicht behindern, durch die Sie Ihre eigenen Stärken bei der Arbeit mit Träumen entdecken können.

Oftmals ist Ihr größtes Talent bei der Traumarbeit ein Charakterzug, den Sie gewöhnlich als Ihre schlimmste Schwäche betrachten. Beispielsweise ertappen Sie sich dabei, daß Sie sehr mißtrauisch sind. Sie suchen immer nach dem Schlechtesten in den Menschen – eine Gewohnheit, die Sie nicht besonders mögen. Bei der Arbeit an einem Traum ist es oftmals sehr nützlich, diesen schlechten Charakterzug hervortreten zu lassen, da ein niederträchtiges Persönlichkeitsmerkmal oftmals etwas Gemeines und Niederträchtiges in dem Bildmaterial aufspüren kann – Aspekte des Bildes, wo Verderbtheit und ein übler Gestank vorherrschen. Auf diese Weise wird Ihr Argwohn zu einem Instrument, um Negativität aufzudecken. Wenn Sie erst einmal festgestellt haben, was faul ist, ist es wichtig, das destruktive Werturteil loszulassen, das ein Teil des Argwohns ist. Auf diese Weise machen Sie Gebrauch von der Beobachtungsgabe, die mit dem Mißtrauen verbunden ist, und nicht von seinem destruktiven Urteil. Oder vielleicht haben Sie einen überempfindlichen Magen, der sich immer zusammenkrampft, wenn Spannung auftaucht. Dieses Symptom kann die Quelle Ihrer Hypersensibilität, Ihres Wahrnehmungsvermögens sein. Es ist wichtig, dem Traum mit dieser Hypersensibilität zuzuhören. Im Falle von Magensymptomen hören Sie mit einem Ohr auf Ihren Bauch und stellen fest, wann der Schmerz auftaucht und um welche Art von Schmerz es sich handelt. Die Spannung, die Sie durch diese Symptome aufnehmen, könnte im Zusammenhang mit einem Gefühlsstau im Traum stehen.

Aber wenn man einem Traum zuhört, ist es von vorrangiger Bedeutung, die Einstellung zu haben, daß alles möglich ist, und daß unser Verständnis der Traumwelt ungefähr so fortgeschritten ist wie das Verständnis eines Pavians von Algebra.

Bis hierher war dieses Kapitel dem Thema gewidmet, wie man den Träumen anderer Menschen zuhört, da es viel einfacher ist, mit den Träumen anderer zu arbeiten, als mit seinen eigenen.

Die sensitivsten Bilder sind von einem Schutzwall von Widerständen umgeben, welche die emotionale Kraft der Bilder von Ihrem Normalbewußtsein fernhalten. Dies ist eine Möglichkeit, Gefühlen auszuweichen, die nicht zu Ihrem gewohnten Selbstbild passen. Wenn das gewohnte Bewußtsein einen Traum betrachtet, wird es versuchen, das Traummaterial an Ihr sogenanntes Selbst-Bewußtsein anzupassen. Eine Menge verdrängtes Material wird unterdrückt bleiben und bedeutende Bilder verschwinden unter der Oberfläche. Selbst wenn Sie wirklich an Ihren Träumen arbeiten wollen, werden Sie auf dieses Hindernis stoßen. Oftmals finden Sie jedoch unzählige Gründe, warum Sie heute nicht an Ihren Träumen arbeiten wollen, besonders nachdem Ihr erster Enthusiasmus abgeklungen ist. Daher ist es wichtig, gemeinsam mit anderen Menschen an Träumen zu arbeiten. Ein anderer oder mehrere andere Menschen liefern ein zusätzliches Bewußtsein, das in Bereiche eindringen kann, wo das normale Bewußtsein blind ist. Andere Menschen können Dinge wahrnehmen, die Sie womöglich übersehen. Mit ihrer Hilfe beschäftigt sich Ihr Normalbewußtsein mit Bildern, die es ansonsten verdrängen würde.

Es gibt zwei verschiedene Arten, mit anderen Menschen außerhalb einer Therapie an Träumen zu arbeiten: mit einem Partner und in Traumgruppen.

Wenn zwei Menschen regelmäßig gemeinsam an ihren Träumen arbeiten, ist es nach meiner Erfahrung nützlich, daß jeder der beiden Partner nacheinander an die Reihe kommt. Beispielsweise sind Sie in der ersten Stunde an der Reihe und ich in der zweiten. Oder wir arbeiten Mittwoch an Ihren Träumen und Freitag an meinen. Oder Sie arbeiten diese Woche mit mir und nächste Woche arbeite ich mit Ihnen. Der Vorteil eines derart festgelegten Stundenplans besteht darin, daß die äußeren Aufgaben klar umrissen sind (während einer bestimmten Zeit ist es meine Aufgabe, Ihnen zuzuhören, und Ihre Aufgabe, Ihren Traum zu erzählen). Wenn die Arbeit über *lange Zeit* auf diese Weise fortschreitet, entwickelt sich ein Traumgedächtnis, in dem die Bilder aus neuen Träumen mit früheren verbunden werden können. Dies ist ein Vorteil.

Das Problem bei der Traumarbeit zu zweit besteht darin, daß die Übertragung – das unbewußte Rollenspiel – manchmal sehr kompliziert wird. Deshalb ist es wichtig, regelmäßig zu überprüfen, ob die Traumarbeit in bestimmten Mustern stagniert. Wir stellen beispielsweise fest, daß ich mich bei der Arbeit an Ihren Träumen meistens mit den älteren Autoritätsfiguren identifiziere, während Sie sich immer in den Kindfiguren in meinen Träumen wiedererkennen. Oder ich fühle mich immer als Opfer, wenn ich an Ihren Träumen arbeite, und Sie übernehmen in bezug auf meine Träume die Mutterrolle. Besprechen Sie daher regelmäßig, in welche Rollen Sie gefallen sind. Wenn Sie vollkommen in eine Sackgasse geraten, erzählen Sie einer dritten Person von der Situation, deren Aufgabe nur darin besteht, zuzuhören.

Einige Leute halten es für vernünftig, nur mit Menschen zu arbeiten, mit denen sie, außer der gemeinsamen Traumarbeit keine andere Beziehung haben. In Anbetracht der Tatsache, daß Träume unbewußt oftmals sexuelle und Machtprobleme enthalten, ist es besser, von Anfang an eine eher unkomplizierte Beziehung zu haben.

Manchmal ist es auch wünschenswert, die Traumarbeit auf ungefähr eine Stunde pro Woche zu begrenzen, so daß die intimen Bilder, die womöglich auftauchen, keinen täglichen Einfluß auf die Beziehung der beiden Partner ausüben.

Was die Arbeit selbst anbelangt – und dies gilt auch für die Gruppenarbeit – *sollte der Träumer herausfinden, um was es in dem Traum geht.* Die Aufgabe des Zuhörers besteht einzig und allein darin, die Bilder herauszuarbeiten, auf die der Träumer weniger Gewicht legt, und ihm dabei zu helfen, sich mit diesen Bildern zu beschäftigen. Es geht nicht um eine Traumdeutung. Die Traumbilder müssen sich durch die ständige Aufmerksamkeit, die man ihnen widmet, von selbst offenbaren. Die einzige Aufgabe des Zuhörers besteht darin, dafür zu sorgen, daß die Aufmerksamkeit auf bestimmte Bilder gerichtet bleibt, so daß der Träumer kein Opfer der Widerstände der Ich-Figur im Traum wird, und nicht vor bestimmten Bildern davonläuft. Der Zuhörer sollte darüber hinaus den Wunsch des Träumers respektieren, in bestimmte Bilder nicht tiefer einzudringen. Beide Partner sollten sich sicher und wohl fühlen und ihre eigenen Grenzen setzen.

Oftmals ist die Intimität, die sich in der Traumarbeit mit nur einem Partner entwickelt, zu bedrohlich, und man bevorzugt die weniger konzentrierte Arbeit in der Gruppe. Der Vorteil der Traumgruppe liegt darin, daß dem Träumer ein Traumbild von verschiedenen Zuhörern gespiegelt wird, so daß er es von mehreren Perspektiven aus betrachten kann. Solange keiner die Behauptung aufstellt: »Dieses Bild bedeutet folgendes«, kann jeder in der Gruppe Fragen stellen, die sich aus dem Bild ergeben. Es ist die Aufgabe eines jeden Teilnehmers, dafür zu sorgen, daß sich der Träumer auf die Bilder konzentriert. Jeder in der Gruppe kann dann entscheiden, an welchen Traumbildern gearbeitet werden sollte. Oder man ernennt einen Gruppenleiter, entweder für immer oder rotierend, der schließlich bestimmt, welche Richtung die Gruppe bei einem bestimmten Traum einschlagen soll. Wie bei der Arbeit mit einem Partner ist es wichtig, auf die Gruppendynamik und die Entwicklung von festen Rollen zu achten.

Was die Arbeit an den eigenen Träumen anbelangt, halte ich es im allgemeinen für sehr hilfreich, die Traumarbeit als ein dramatisches Geschehen zu betrachten (siehe zum Beispiel »Auf meinem Weg zur Arbeit«, Seite 13). Stellen Sie sich vor, daß Sie mit jemandem an einem Traum arbeiten, dessen Aufgabe darin besteht, Ihre Aufmerksamkeit auf die Bilder zu lenken und Ihnen Fragen zu stellen. Wenn klare Meinungen zu dem Traum geäußert werden, fragen Sie: »Wer sagt das? Welche innere Stimme bringt diese Überzeugung zum Ausdruck?« Die Antwort könnte folgendermaßen lauten: »Dies klingt nach meiner Mutter/meinem Vater/meiner Astronautenseite«. Wenn Sie diese Frage stellen, zeigt sich oftmals, daß die Ich-Figur im Traum mit einer ähnlichen Stimme verbunden ist. Sich von dieser Identifikation zu befreien, kann Ihnen dazu verhelfen, den Traum von einer anderen Perspektive aus zu sehen. Ansonsten betrachtet man jeden Traum vom Standpunkt des gewohnten »Ich« aus, was die Traumarbeit äußerst langweilig macht. Nehmen Sie beispielsweise folgenden Traum:

Ich stehe am Fenster und sehe eine Frau, die vergewaltigt wird. Ich wende mich ab und möchte nicht weiter zusehen. Hinter mir steht eine Frau, die das Geschehen dort draußen völlig normal und nicht im geringsten schockierend findet.

Die erste Reaktion der Träumerin im Wachzustand ist: »Die Vergewaltigung war so schrecklich – etwas in meinem Leben muß vollkommen falsch laufen.« Mit dieser Reaktion beginnt die Frau, an dem Traum zu arbeiten, kommt jedoch nicht weiter als bis zu dem Gefühl, daß etwas in ihrem Leben schief läuft. Dies löst ein Gefühl der Panik aus.

Als sie uns den Traum in der Gruppe erzählt, ruft er eine übereinstimmende Reaktion bei den Gruppenmitgliedern hervor: Die Träumerin muß geschützt werden. Bei näherer Betrachtung identifizieren wir diese Reaktion der Gruppe als mütterliche Reaktion auf die Träumerin, so als ob sie ein kleines Kind und ein Opfer wäre. Wir übernehmen die Rolle einer Mutter, die ihr Kind vor der großen, bösen Welt dort draußen beschützen möchte. Diese Identifikation blockiert jede weitere Arbeit an dem Traum. Erst als wir unsere Aufmerksamkeit der Frau zuwenden, die im Hintergrund steht und die Vergewaltigung als etwas völlig Normales betrachtet, kommen wir mit dem Traum weiter. Der Mutter-Kind-Komplex, der den Traum überschwemmt hat, bricht nun auf, und es wird deutlich, daß die Träumerin verzweifelt versucht, an ihrer Unschuld und Naivität festzuhalten. Sie erschafft eine künstliche Welt, in der sie lieb und nett sein kann. Gleichzeitig erfährt sie die Welt um sich herum als grausam und böse. Der Traum weist auf den Verlust ihrer Jungfräulichkeit hin, das Ende eines einseitigen Selbstbilds.

Bei ihrer eigenen Arbeit mit dem Traum identifizierte sich die Träumerin – wie auch die Gruppe – mit der beschützenden Mutter, die ihren Blick von der bösen Außenwelt abwenden möchte. Solange diese Identifizierung nicht erkannt wird, kann in der Traumarbeit kein Fortschritt erzielt werden, ungeachtet dessen, ob die Träumerin allein oder mit jemand anderem an dem Traum arbeitet.

Immer wieder macht sich eine innere Stimme bemerkbar, die beweisen kann, daß Sie etwas falsch gemacht haben und daß dieser Traum zeigt, wie dumm Sie doch wieder gewesen sind. Besonders wenn Sie sich bereits schlecht fühlen, kommen Schuldgefühle hoch. Fragen Sie weiter: »Wer sagt das?« Versuchen Sie auch zu spüren, wann Sie das Interesse verlieren, wo Sie fast einschlafen, an welcher Stelle Sie sich festfahren. Dies sind Punkte des Widerstands. Es ist die Aufgabe des inneren Partners bei der Arbeit an Träumen, Sie zu diesen Punkten zurückzuführen. Der innere Partner sollte regelmäßig betonen: »Nun wollen wir zu dem Traumbild zurückkehren«.

Wie bei der Traumarbeit mit einem Partner sollten Sie hin und wieder überprüfen, welche besondere Rolle der innere Partner annimmt. Möglicherweise stellen Sie fest, daß der innere Partner vor kurzem ausgesprochen vorwurfsvoll oder kindisch gewesen ist. In diesem Fall nähern Sie sich all Ihren Träumen von der Perspektive der Schuld aus oder mit einem spielerischen Gefühl der Unschuld. Ihre Arbeit ist daher sehr einseitig.

Die Arbeit an Träumen ist eine dramatische Aktivität, in der viele Rollen gespielt werden. Dies resultiert aus der Tatsache, daß der Traum selbst ein Produkt dessen ist, was man gewöhnlich das *theatrum psychicum* nennt, das Theater der inneren Welt. Wenn alle Charaktere gründlich untersucht werden, werden die Bilder unter Druck gesetzt, Emotionen wallen auf und der Traum wird »gekocht«.

4 Zurück in die Traumwirklichkeit

Ein wichtiges Element der Traumarbeit besteht darin, sich in die Realität des Traums zurückzuversetzen. Der Träumer kehrt so weit in den inneren Raum des Traums zurück, daß die Traumbilder wiedererinnert werden können. In diesem wieder erinnerten Traumzustand taucht auch das Traumgeschehen wieder auf. Dies ist ein wesentlicher Bestandteil der Traumarbeit. Besonders Träume jüngeren Datums, die als räumliche Traumbilder im Gedächtnis behalten werden und als reale Ereignisse und nicht nur als Geschichte in uns weiterleben, sollten soweit wie möglich mittels ihrer räumlichen Details angegangen werden. Noch frische Träume stammen gewöhnlich aus der vergangenen Nacht, oder es handelt sich hierbei um solche, die einen besonders starken Eindruck hinterlassen haben. Einige Träume bleiben tagelang lebendig.

Sich mit Hilfe des Wachbewußtseins in die Traumwelt zurückzuversetzen, bedarf der Vorstellungskraft. Im Gegensatz zum passiven Tagträumen, währenddessen man die Bilder nur wahrnimmt, findet bei dieser geführten Imagination eine aktive Interaktion mit der Bilderwelt statt. Die Erinnerungsfähigkeit wird aktiv dazu benutzt, die Traumwirklichkeit zu rekonstruieren (siehe Kapitel 1). Nach dieser Rekonstruktion, die oftmals mit verschwommenen Überresten und Bruchstücken eines Traums beginnt, ist es möglich, den Traum weiterzuträumen. Diese Kunst wird *aktive Imagination* genannt.

Der folgende Traum soll dies verdeutlichen. Die betreffende Person ist ein steifer Professor mittleren Alters, weißer Abstammung, der nach langer psychiatrischer Behandlung wegen Abhängigkeit von einem ganzen Arsenal von Medikamenten in die Analyse kam. Er hat folgenden Traum:

Ich gehe durch ein heruntergekommenes Viertel in meiner Nachbarschaft, in dem Schwarze wohnen. Ich befinde mich gerade an der Brücke, die in das Viertel der Weißen führt. Ich fühle mich nicht ganz wohl, obwohl ich keine Angst habe. Ich bleibe neben einem großen jungen Schwarzen stehen. Er hängt an einem Reck auf einem Spielplatz. Die Querbalken sind tatsächlich viel zu niedrig für ihn, aber er schafft es, mit seinen Füßen nicht den Boden zu berühren, indem er seine Beine gegen den Uhrzeigersinn kreisen läßt. Seine Füße berühren mich. Ich trete einen Schritt zurück. Aber je weiter ich zurückgehe, um so weiter schwingen seine Beine aus. Er berührt mich weiterhin. Ich gehe ruhig fort. Er kommt mir nach. Ich werde ärgerlich auf ihn und verfluche ihn. Ich fordere ihn auf, mich in Ruhe zu lassen. Daraufhin bleibt er zurück, wirft mir aber dennoch einen Stein nach, als ich auf der Brücke bin. Er trifft mich nicht.

Die erste Reaktion, die der Träumer beim Erzählen zeigt, ist ein Unterton von Stolz darauf, daß er vor dem jungen Mann nicht davongelaufen ist, sondern sich vielmehr verteidigt hat.

Wir kehren zu dem Traum zurück, und er berichtet, daß der junge Mann sehr geschmeidig ist. Er beschreibt den Sportplatz, die Turngeräte und die Häuser in der Umgebung. Alles macht einen ziemlich heruntergekommenen Eindruck. Es wird deutlich, wie sehr sich der Träumer vor dem Schwarzen fürchtet. Gleichzeitig hat es den Anschein, als ob der junge Mann in Kontakt mit ihm kommen möchte. Er versucht ständig, die Ich-Figur zu berühren. Dies irritiert den Professor sehr, und er wird ärgerlich. An dieser Stelle bitte ich den Träumer, die gesamte Traumumgebung genau zu beschreiben. Darüber hinaus frage ich ihn, wie der junge Mann jetzt aussieht. Dann fordere ich den Professor auf, dieses Mal nicht so aggressiv zu dem Mann zu sein. Nun stellt sich heraus, daß der Schwarze keine bösen Absichten hat. Der Träumer ist erschrocken über sein eigenes Vorurteil gegenüber den Schwarzen. Dieser Schwarze scheint ganz anders zu sein, als er in der voreingenommenen Sicht des Träumers erscheint.

In Träumen wie auch im täglichen Leben reagieren wir häufig auf die Figuren, denen wir begegnen, mit allerlei Vorurteilen. Wenn wir einen Traum wiedererleben, kann es nützlich sein, diese Vorurteile aufzugeben und die Traumfigur für sich selbst sprechen zu lassen. Ich schlage dem Professor vor, daß er statt der Schimpftirade, die er auf den jungen Mann loslassen wollte, fragen soll, was er von dem Träumer will und warum er ihn ständig anfaßt. Der

Träumer tut dies. Der junge Mann antwortet sofort und spontan: »Mann, sei nicht so nervös! Entspanne Dich!« Der Schwarze beginnt zu lachen. »Entspanne Dich, Mensch, entspanne Dich. Sei nicht so verspannt.«

Dieser kurze Dialog bringt eine Besonderheit des jungen Schwarzen zum Vorschein, die in dem Bild enthalten war: Er ist ganz locker. Er ist eine entspannte Figur, mit der der schrecklich verspannte Professor nur wenig gemeinsam hat. Durch den Dialog entsteht eine Beziehung zwischen der Traumfigur und dem Tagesbewußtsein. Es ist dem Professor nun möglich, den jungen Schwarzen von Zeit zu Zeit um Rat zu fragen, wenn er sich besonders verspannt fühlt. In solchen Augenblicken kann er die schwarze Nachbarschaft in sich wachrufen und ein weiteres Gespräch mit dem jungen Mann führen. Das gestreßte Wachbewußtsein kann von dieser Traumfigur Entspannung lernen. Dies ist keine Entspannung, die von außen durch Medikamente hervorgerufen wird, sondern die von innen heraus entsteht, aus einem unabhängigen, inneren Bedürfnis heraus. In dem Traum blieb das normale Bewußtsein von dem entspannten jungen Mann letztendlich unberührt (»Er trifft mich nicht«). Die aktive Imagination läßt sich jedoch nicht durch die Widerstände verdrängen, die der steife Professor (die Figur, mit dem sich das »Ich« identifiziert) gegenüber dem entspannten Mann, der ganz locker ist, hegt. Daher kann die aktive Imagination einen Kontakt zwischen dem Träumer und der Entspannung herstellen. Dies vermindert seine Identifikation mit dem, was ihn so unter Streß setzt und zu einem so verspannten Menschen macht.

Das Konzept der aktiven Imagination stammt von C.G. Jung. Er beschreibt seine Entdeckung der aktiven Imagination in seiner Autobiographie:

…dann ließ ich mich fallen. Da war es mir, als ob der Boden im wörtlichen Sinne unter mir nachgäbe und als ob ich in eine dunkle Tiefe sauste … Aber plötzlich … kam ich in einer weichen, stickigen Masse auf die Füße zu stehen … [Ich] erblickte (…) zwei Gestalten, einen alten Mann mit weißem Bart und ein schönes junges Mädchen. Ich nahm meinen Mut zusammen und trat ihnen wie wirklichen Menschen gegenüber. Aufmerksam hörte ich auf das, was sie mir sagten. … *

In einem normalen Traum sieht die Ich-Figur die anderen Traumfiguren als normale Menschen. Die Traumwirklichkeit und die Tageswirklichkeit sind gewöhnlich ununterscheidbar. In der aktiven Imagination unterscheidet sich unser Realitätsgefühl von der Realitätswahrnehmung in einem normalen Traum. Man ist sich ständig bewußt, daß man es mit einer Realität zu tun hat, die sich von der Alltagswirklichkeit unterscheidet. Aus diesem Grund sagt Jung in seiner Beschreibung, daß er »ihnen so gegenübertrat *wie* wirklichen Menschen«.

Bei der aktiven Imagination sind Sie sich dieses Unterschiedes in der Natur der Figuren, denen Sie begegnen, bewußt, doch gleichzeitig betrachten Sie diese andersartigen Wesen als *real*. Sie scheinen reale Lebewesen zu sein, die sich in der gleichen Weise völlig autonom verhalten, wie die Traumfiguren vollkommen unabhängig von der

* (*Erinnerungen, Träume und Gedanken von C.G. Jung*, aufgezeichnet und hrsg. von Aniela Jaffé, Olten: Walter 1971, S. 182 u. S. 184f.).

Ich-Figur handeln. Die aktive Imagination geht davon aus, daß viele verschiedene Bewußtseinsträger gleichzeitig existieren, wie in der Traumwelt, und daß die Ich-Figur durch disziplinierte, aktive Imagination (erneuten) Kontakt mit diesen Traumwesen herstellen kann.

Es ist vorteilhaft, den Prozeß der aktiven Imagination mit einem Traumbild zu beginnen, da das geschärfte Erinnerungsvermögen der Traumrealität auf diese Weise ganz natürlich in die aktive Imagination übergehen kann. Nehmen wir beispielsweise einmal folgenden Traum, den eine Krankenschwester erzählte:

Ich habe Nachtschicht und muß meine Runden machen. Der Raum, in dem ich mich befinde, ist hell erleuchtet. Als erstes gehe ich zu Zimmer Nr. 1. Im Korridor ist es dunkel. Ich gehe in den Raum hinein. Hier ist es sehr dunkel. Verschwommen sehe ich eine alte Frau, die mit dem Rücken zu mir neben ihrem Bett steht. Ich schalte meine Taschenlampe ein. Ich sehe, daß sie ein großes, schwarz-blaues Mal auf ihrem Nacken hat.

Wir beginnen unsere Arbeit an diesem Traum mit dem Zimmer der Krankenschwester. Das Licht ist hell, fast blendend. Der Schreibtisch, neben dem sie steht, ist aus weißem Kunststoff. Er reflektiert das Neonlicht. Der Raum ist ziemlich klein. Der Gang hat einen gräulichen Bodenbelag. Die Träumerin kann nicht deutlich erkennen, woher das Licht kommt. Der Gang ist ziemlich dunkel. Die Tür von Zimmer Nr. 1 ist aus reinem Holz. Die silberne Klinke befindet sich an der rechten Seite der Tür. Drinnen ist es stockfinster. Im Raum steht ein Krankenhausbett und ein Nachttisch, aber nichts ist klar erkennbar. In dem Augenblick, wo sie die Taschenlampe einschaltet, erkennt die

Träumerin die alte Frau in einer Entfernung von ungefähr zweieinhalb Metern. Die alte Frau ist dünn. Sie trägt ein Krankenhausnachthemd. Die Krankenschwester kennt die Frau nicht. Von dieser Entfernung aus erkennt sie deutlich das schwarz-blaue Mal auf ihrem Nacken. An dieser Stelle endet die Erinnerung an den Traum. Das Traumgedächtnis hat sie zu einem Bild geführt, das sie als sehr real empfindet.

Nun beginnt die aktive Imagination. Der Übergang von der Traumerinnerung zur aktiven Imagination wird von der Träumerin kaum bemerkt. Sie beginnt, sich der Frau zu nähern. Das schwarz-blaue Mal ist nun deutlich erkennbar. Die alte Frau steht immer noch mit dem Rücken zur Krankenschwester. Die Krankenschwester steht nun so dicht bei ihr, daß sie ihren Nacken berühren kann, was sie auch tut. Dann dreht sich die alte Frau um. Ihr Gesicht drückt tiefen Kummer aus. Die alte Frau und die Krankenschwester starren sich lange an. Sie stehen beide da, ohne zu sprechen, und fühlen die Traurigkeit.

Wenn wir eine aktive Imagination durchführen, ist es wichtig, als erstes unseren Bewußtseinszustand in ein Bilderbewußtsein umzuwandeln. Dies können wir durch die sehr detaillierte Wiedererinnerung eines Traumbildes erreichen. Dadurch intensiviert sich das Realitätsgefühl der Bilderwelt, und die Ich-Figur kann beginnen, sich *durch* den Raum des Bildes zu bewegen.

Wenn Sie die aktive Imagination nicht in einem solchen Bewußtseinszustand beginnen, besteht die Möglichkeit, daß Sie nur Geschichten erfinden, was ein Gefühl der Unwirklichkeit erzeugt. Bei der aktiven Imagination haben

Sie kein Gefühl der Unwirklichkeit. Vielmehr ist es so, als ob Sie gleichzeitig an zwei gleichermaßen wahren Realitäten teilhaben: der Welt, die Sie durch die aktive Imagination erzeugen, *und* der Welt, in der Sie wissen, daß Sie gerade eine aktive Imagination erleben. Im Gegensatz dazu glauben Sie im Traum, nur an einer Wirklichkeit teilzuhaben, nämlich der Traumwelt. Daher ist die aktive Imagination ein Bewußtseinszustand, der sich sowohl von dem unterscheidet, in dem eine Geschichte erfunden wird, als auch von dem der unmittelbaren Traumerfahrung.

Die Arbeit an dem Traum der Krankenschwester zeigt, wie wir von der Traumerinnerung zur aktiven Imagination übergehen und wie die Traumwelt von sich aus spontan neue Bilder erschafft.

5 Eine Traumreihe

Nachdem wir uns mit den Texten einzelner Träume beschäftigt haben, möchte ich eine lange Traumreihe vorstellen, die aus 18 Träumen besteht, von denen die meisten innerhalb von sechs Monaten geträumt wurden.

Träume gruppieren sich oftmals um bestimmte Themen, die sich mit der Zeit zu entfalten beginnen. Die Bilder durchlaufen einen kontinuierlichen Veränderungsprozeß und auf einen solchen Prozeß können manchmal Bilderserien folgen, die sich in Träumen offenbaren. Wenn wir eine Traumreihe betrachten, sehen wir, daß sich Traumfiguren in ständiger Entwicklung befinden. Wie jeder lebende Organismus werden sie geboren und sterben.

Die folgende Traumreihe ist außergewöhnlich. Normalerweise halte ich es für keine gute Idee, außergewöhnliche Träume heranzuziehen, um tiefenpsychologische Prozesse zu demonstrieren. Solche Beispiele erwecken falsche Erwartungen an die Traumarbeit und rufen Enttäuschung und

Entmutigung hervor, denn nur selten stellen sich Träume mit einer solch beispielhaften Klarheit dar. Gewöhnlich sind Träume auf den ersten Blick äußerst undurchsichtig.

In der folgenden Traumreihe werden Geburt und Tod in der Traumwelt klar dargestellt. Es ist so, als ob mit zunehmender Entwicklung des kreativen Prozesses gleichzeitig der destruktive Impuls stärker wird. Wegen der Schilderung dieses Themas bin ich von meiner Gewohnheit abgewichen, so ungewöhnlich leicht zugängliches Material darzulegen.

Ich möchte nicht besonders viele persönliche Informationen über die Träumerin liefern. Ginger ist eine Künstlerin mittleren Alters, die wegen einer Depression zu mir kam. Diese stand mit der Tatsache in Zusammenhang, daß sie sich so spät in ihrem Leben von ihrer Kunst entfremdete. Sie hatte das Gefühl, daß vor ihrem Tod noch etwas anderes geschehen mußte. Sie verdrängte diese Depression durch Überaktivität, die sie erschöpfte.

Nachdem wir zwei Monate mit ihren Träumen gearbeitet hatten, erkannte ich, daß das Thema *Schlamm* mit einer gewissen Regelmäßigkeit auftauchte. Ich begann, diesem Thema nachzugehen, ohne dies in der Analyse groß zu erwähnen. Nach Mitte Januar sagte ich manchmal zu ihr: »Wie kommt denn das, da ist ja schon wieder Schlamm«, aber ich ging nicht weiter darauf ein, da ich nicht wußte, warum das Bild sich wiederholte. Im Zusammenhang mit dem Traum vom 8. Februar wurde mir plötzlich klar, warum das Bild des Schlamms sich in einem Entwicklungsprozeß befand.

1. Traum, 2. Oktober

Ich fahre eine einsame, schmale Straße entlang. Eine lange Fahrt zwischen engen Steinmauern, ungefähr 3,60 m hoch, die gesprengt worden sind. Dann eine Lichtung und viele, viele Menschen und Pferde, die mit einigen riesigen Baumstümpfen beschäftigt sind, die auf dem Boden liegen. Die Straße ist nicht mehr befahrbar… Ich ging zu Fuß weiter; es war ein sumpfiges Waldgebiet… Ich war ganz auf mich allein gestellt und hatte große Angst.

2. Traum, 4. Oktober

Ich fahre eine sehr steile, schmutzige Straße hinunter… Es war ziemlich beunruhigend… Ich kam an einen sehr steilen Teil der Straße, der auch sehr schlammig war. Wir kamen jedoch gut hinunter…

3. Traum, 10. Oktober

Als wir hinunterfuhren… kamen wir an zwei Männern mit schwarzen Zylindern in einem offenen, schwarzen Auto vorbei. Der Motor war kaputt… Weiter unten fuhren wir an dem Haus vorbei, wo eine Party stattfand… Die Räume waren überfüllt mit schwarzgekleideten Menschen. Ich erreichte die Wohnung. Dort wurden gerade Reparaturen durchgeführt. Ungefähr vier Männer reparierten sie…

4. Traum, 9. Dezember

… ich fuhr mit meinem Auto durch diese wilde Landschaft; immer mehr schmale Straßen, dann nur noch ein schlammiger Fußweg… Ich hatte mich verlaufen – sie schickten mich einen morastigen Hügel hinauf, aber der Weg führte nirgendwohin. Ich war zu Fuß und froh, den Rückweg wieder zu finden.

5. Traum, 27. Dezember

… überall um den Eingang zur Hintertür war eine Unmenge hellroter, pappiger Schlamm oder Lehm, an dem die Füße festklebten. Er drang in meine Schuhe ein und ich konnte ihn nicht abkratzen. Genau über der Hintertür war eine runde Öffnung. Ich versuchte, sie mit dem Schlamm auszufüllen. Er lief durch das Loch hindurch und die Wände hinunter, aber schließlich hatte ich es gefüllt. Drinnen war alles unfertig und lag im Halbdunkel… Später gingen wir zur Vorderseite. Dort gab es Übergänge aus massiven Holzbalken auf dem Boden, aber dazwischen war derselbe Schlamm. Ich stand auf einem der Balken…

6. Traum, 6. Januar

… der Dung wurde so verwendet, daß er die beste Wirkung erzielte…

7. Traum, 6. Januar

… die Arbeiter waren mit dem Bau immer noch nicht fertig…
Ich mußte oben auf der Mauer eine schmale Konstruktion an-
bringen. Es war wie ein… Zaun… so eng, daß es sehr schwierig
war, hinein- und herauszukommen… Ich ging auf einer holpri-
gen Steinmauer entlang…

8. Traum, 10. Januar

… eine Menge großer Steine, die sie ausgegraben hatten, um die
Terrasse hinter dem Haus anzulegen, wurden gerade zur Seite
geworfen. Dabei herrschte große Aufregung…

9. Traum, 19. Januar

Wir fuhren in einem offenen Wagen. Wir hatten ein Tor gebaut…

10. Traum, 29. Januar

Es war eine Art Eingang zu einer U-Bahn. Ein Durchgang und
die beiden Seiten mußten entworfen werden…

11. Traum, 8. Februar

... er fand dieses grüne Gefäß – eine Art Teekanne, aber ohne Tülle – mit ziemlich dicken Wänden, wobei der rötliche Lehm an den Rändern sichtbar wurde. Aber wo war der Deckel? Wir hörten die beiden Mafiagangstern ähnlichen Männer zurückkommen, die auch nach dem Deckel des Gefäßes gesucht hatten. Es war ein sehr altes und kostbares chinesisches Stück. Sie kamen schnell auf uns zu. Würden wir die rote Tür rechtzeitig öffnen können, bevor sie uns erreichten? ... [Der Traum hat zwei mögliche Schlüsse: ja und nein.]

12. Traum, 13. Februar

... schließlich baute ich zwei kleine, hölzerne Schränke mit Türen und innen ein Regal aus Keramikfliesen. Ich verwendete die Fliesen aus dem Musterbuch. Darüber hinaus verwendete ich einige alte Fliesen – nahe den beiden Schränken brachte ich einen sehr langen Spiegel an.

13. Traum, 13. Februar

... eine schmutzige Kiste. Die Studenten arbeiteten an einem großen Stück. Sie mußten auf dem hölzernen Rand der Kiste stehen, während sie arbeiteten, um nicht in den Schlamm einzusinken. Einer war bereits an der Arbeit. Ein anderer kam dazu... Wir gingen über die Kiste und traten mitten in den Schlamm... Ich befahl dem Studenten, am Rand stehenzubleiben.

Ich schaute in einen sehr dunklen Tunnel mit zwei Wegen – das Keramikteil kam dort heraus, und wir konnten es allmählich erkennen.

14. Traum, 25. Februar

Wir fragten uns, ob wir irgend etwas an der Ecke des Zauns am Gehweg bauen sollten, um die Öffnung zu schließen. Wir hatten es mit Pappe versucht. Sie war nicht hoch genug und taugte nichts, wenn es regnete. Dann eines Morgens sah ich, daß die Zimmerleute einen wunderschönen Zaun aus neuem Holz errichtet hatten; er war größer als ein Mensch und bestand aus massiven Brettern… sehr teuer.

15. Traum, 10. März

Nun erhob sich die Frage, wie die Elemente für die Ausstellung um das Fünfeck oder Achteck arrangiert werden sollten… Eine Liste der verschiedenen Aspekte meiner Persönlichkeit. Es waren alles große und kleine Achtecke und alle hatten dieselbe Keramikstruktur. Ich glaube chinesisch. Mit einem erhöhten, geometrischen Muster. Der erhöhte Teil hatte eine gröbere Struktur – der niedrigere war viel feiner. Das ganze war sehr edel und im klassischen, chinesischen Stil gehalten – von zeitloser Schönheit, wie nur chinesisches Porzellan sein kann.

16. Traum, 13. März

Meine Tante trägt ein Kleid aus schwarzem, netzartigem Material. Es war sehr abgetragen und dort, wo der Stoff dünn war, schimmerte ihre blasse Haut durch. Ich wollte diese Stellen mit schwarzer Farbe bedecken und begann damit. »Oh, meine Liebe!« sagte ich, »es tut mir leid, daß ich schwarze Farbe auf Deinen Arm gemalt habe«… »Das ist schon vorher passiert«, antwortete sie und fuhr weiter. Ich wußte gar nicht, wie schwer es sein würde, ein Auto zu fahren.

17. Traum, 26. März

Ein Haus im Rohbau. Dort, wo der Keller hinkommt, ist eine Grube. Ein finsterer Mann wirft mich in die dunkle Grube.

Traum im Herbst, September

Ich sehe eine Karotte wachsen. Orangerot. Am Ende der Karotte haben sich feine, neue Wurzeln gebildet. Es ist unmöglich, aber es ist so. Und die neuen, zarten Wurzeln an der großen Karotte wachsen immer tiefer in den Boden hinein.

Zu Beginn einer Analyse erscheint oftmals ein Traum, der eine Art Vorspiel darstellt, das bereits die Themen berührt, die, harmonisch miteinander verbunden, das Material der Analyse bilden werden. Dies bedeutet nicht, daß ein solcher Traum, auch »Initialtraum« genannt, prophetisch ist. Vielmehr ist er wie eine Ouvertüre für ein Musikstück, in dem alle Melodien in Kurzform enthalten sind. Im Verlauf des Stückes werden die Themen weiter ausgearbeitet.

Ein Initialtraum ist nicht unbedingt nur ein einziger Traum. Es kann sich dabei auch um eine Traumfolge zu Beginn eines Prozesses handeln. Ein solcher Traum taucht auch nicht nur zu Beginn einer Analyse auf. Ein Initialtraum kann einer neuen Phase in der Analyse vorausgehen. Wie ein kurz aufflackernder Vorläufer des Traumgeschehens, das darauf folgen wird.

Ginger berichtete mir ihren ersten Traum in unserer zweiten Sitzung. Der Traum war nur einer von vielen, die zwischen unserer ersten Sitzung, in der wir uns miteinander bekannt machten, und dieser zweiten Sitzung auftauchten. Die Träume, die auf den ersten Traum folgten, sind nur fragmentarisch wiedergegeben. Die Texte sind wörtlich Gingers schriftlichen Aufzeichnungen entnommen und wurden aus insgesamt ungefähr 45 Träumen im Zeitraum von Oktober bis Ende März ausgewählt. Die Auszüge wurden aufgrund ihres inneren Zusammenhangs mit den Themen, die sich in dem Initialtraum ankündigten, ausgesucht.

Ein Bild aus dem Initialtraum war sehr schmerzlich und zu persönlich, um öffentlich untersucht zu werden. Ansonsten ist der Initialtraum vollständig.

Die verschiedenen Themen, die in dem Eröffnungstraum auftauchen, sind:
- Auto, fahren
- einsam
- eng
- Stein
- Mauern, Seite
- hoch, abwärts
- explodieren, sprengen
- freier Platz, wo Männer auf einer Baustelle arbeiten
- Pferde
- Baumstümpfe
- Straße, die für Autos unpassierbar ist; zu Fuß
- Schlamm
- Wald

Die zentralen Gefühle sind Angst und Einsamkeit.

Wie ich bereits gesagt habe, war das erste Bild, das mir auffiel, besonders nach dem 5. Traum, das Bild vom Schlamm.

Im 5. Traum schrieb Ginger *roter Schlamm oder Lehm*. Dies vermittelte mir den Eindruck, daß irgendetwas mit dem Schlamm geschah. Ton eignet sich besonders gut dazu, geformt zu werden. Die erste Verwendung dieses Schlamms/Lehms besteht darin, Löcher in den Wänden zu füllen (5. Traum). Dies ist von wesentlicher Bedeutung, da die Wände gesprengt worden sind (1. Traum). Wir haben es mit einem strukturierten Bau zu tun (zwischen den Querbalken als Übergängen, 5. Traum), wo Baumstümpfe (1. Traum), nun in Form von Balken eine Rolle in dem Prozeß spielen. Die Balken geben dem Prozeß eine Form und halten den Schlamm in Grenzen (5. Traum: »Es gab Übergänge aus massiven Holzbalken auf dem Boden, aber *dazwischen* war derselbe Schlamm«).

Im 11. Traum kommt wiederum roter Lehm vor. Nun wurde *der rote Ton jedoch zu einem irdenen Gefäß gebrannt* – einem Behälter, dessen Öffnung mit einem Deckel geschlossen werden muß. Töpfern ist ein Kunsthandwerk, das Lehm qualitativ verändert. Die natürliche *Erde* und das künstliche *Handwerk* werden miteinander verbunden. Von diesem Punkt an achtete ich stark auf das Bild der Töpferware, um festzustellen, was damit geschehen würde. Ehe ich zu Ginger irgend etwas über Steingut sagte, tauchte der Keramikgegenstand am Ende des 13. Traums aus der Dunkelheit auf. Das Auto, der Fortbewegungsmechanismus durch diese Traumwelt, paßt nicht länger zu dem Weg (oder ist ihm nicht mehr angemessen), der nun beschritten werden muß. Ein Übergang findet statt. Die Bewegung wird mit den Füßen verbunden. Eine Veränderung vom äußeren Motor zur Fortbewegung aus eigener Kraft tritt ein. Dies wird im 3. Traum deutlich, in dem der Motor kaputtgeht, ein Ereignis, das mit einer Art Beerdigungszeremonie verknüpft ist.

Der Traum weist auch darauf hin, welche Art von Auto zu Grabe getragen wird – nämlich, der offene, schwarze Wagen; ein Fahrzeug, das nicht geschlossen ist. Im Initialtraum wird die Arbeit auf einer Lichtung verrichtet, die Lichtung im Wald. Die erste Verwendung des Schlamms/Lehms war, die Öffnung über der schwarzen Tür zu schließen.

Der 11. Traum handelt davon, den Deckel zu finden, um die Öffnung des Gefäßes zu schließen. Im 14. Traum geht es ebenfalls um das Schließen einer Öffnung. Ich glaube, daß die Bedeutung des Schließens der Öffnung mit den Steinmauern zusammenhängt, die so gesprengt wurden, daß der Weg verschüttet wurde.

Eine Verengung findet statt (1. Traum). Im 4. Traum verengt sich die Straße zu einem Fußweg. Ginger wird in die Enge getrieben. Es ist bedrückend eng bis zu dem Maße, wo sie sich auf ihren eigenen Füßen durchkämpfen muß. Die Schlammigkeit nimmt so stark zu, daß im 5. Traum der Schlamm und ihre Schuhe nicht mehr voneinander getrennt werden können. Es ist ein schmutziger Standpunkt. Die Dinge laufen nicht mehr reibungslos. Es ist so, als ob die alte Struktur gesprengt worden wäre und eine neue (Infra-)Struktur errichtet werden muß.

Das letztendliche Schließen der neuen Struktur ist von größter Wichtigkeit. Das Gefäß im 11. Traum ist nicht nur eine wertvolle, chinesische Kostbarkeit (von zeitlosem Wert, wie es im 15. Traum heißt), sondern es ruft auch die destruktiven Kräfte der Unterwelt hervor. Dies ist die Gegenbewegung zu der konstruktiven Kraft, die versucht, die Öffnung zu schließen.

Der schmale Pfad führt nach unten. Abstieg. Durchkämpfen. »Ich ging zu Fuß weiter; es war ein sumpfiges Waldgebiet« (1. Traum); »eine sehr steile, schmutzige Straße hinunter« (2. Traum); »Als wir hinunterfuhren… weiter unten…« (3. Traum).

Das kontrastierende Bild wird auch geliefert (im 4. Traum): »sie schickten mich einen morastigen Hügel hinauf, aber der Weg führte nirgendwohin«.

Der Weg hinauf führt nirgendwohin.

Der Weg hinab führt durch ein Tor in die Welt im Untergrund. »Wir hatten ein Tor gebaut« (9. Traum); »Es war eine Art Eingang zu einer U-Bahn. Ein Durchgang…« (10. Traum).

Der Prozeß, der durch die Hintertür hereinkommt (5. Traum) führt unter die Erde, in den Untergrund. Dort wird gegraben – hinter dem Haus: »Die sie ausgegraben hatten hinter dem Haus…« (8. Traum).

Bei diesem Bau tauchen Steine auf. Die Steinwände waren gesprengt worden (1. Traum). Der konstruktive Prozeß führt über die Rückseite des Hauses. Er bewegt sich zur Vorderseite (5. Traum) und errichtet ein Tor zu den Tiefen. Eine Unterwelt mit mafiaartigen Männern kontrastiert mit einer Untergrundwelt, wo die Erde zu Töpferware wird (11. und 13. Traum).

Es fiel mir auf, daß das Bild der *Baumstümpfe* sich allmählich veränderte: »Übergänge aus massiven Holzbalken auf dem Boden, aber dazwischen war derselbe Schlamm« (5. Traum).

Massive Balken sind Baumstämme, die in grober Weise verarbeitet worden sind. »Ein Zaun« (7. Traum): Holz wird für eine Umzäunung verwendet. Handwerk verwandelt natürliche Bäume in ein Kunstwerk.

»An der Ecke des Zauns, … um die Öffnung zu schließen…, hatten die Zimmerleute einen wunderschönen Zaun aus neuem Holz errichtet« (14. Traum). Die Umzäunung muß geschlossen werden. Dabei wird neues Holz verwendet. Neues Holz wird aus frisch verarbeiteten Baumstämmen hergestellt.

»… ein großes Stück … Sie mußten auf dem hölzernen

Rand der Kiste stehen ...« (13. Traum). Die Kiste, in der die Arbeit stattfinden kann, besteht aus Holz. Sie kann mit Schlamm gefüllt werden. Es handelt sich um einen neuen *Rahmen*, der den Schlamm als Behälter aufnehmen kann.

»Schließlich baute ich zwei kleine, hölzerne Schränke mit Türen« (12. Traum). In einem hölzernen Schrank kann etwas aufbewahrt werden. Ein hölzerner Schrank mit Türen kann geschlossen werden. In dem Traum hat der Schrank Keramikfliesen. Hier kommt die Entwicklung des Holzes und die Entwicklung des Schlamms zusammen. Ein neuer Bezugsrahmen taucht auf: »Nahe den beiden Schränken brachte ich einen sehr langen Spiegel an« (12. Traum). Nachdem zwei kleine, verschließbare Schränke mit Keramikfliesen aus dem Holz und dem Schlamm errichtet worden sind, taucht ein Spiegel auf. Das Bild des Beinhaltens und das Bild des Spiegelns – sich selbst betrachten, Reflexion – treffen hier zusammen.

»Ein sehr dunkler Tunnel mit zwei Wegen... Keramikteil...« (13. Traum). Der Prozeß in der Dunkelheit und Verborgenheit vollzieht sich auf zwei Wegen. Zwei Bewegungen in entgegengesetzten Richtungen können gleichzeitig stattfinden, so wie auch zwei Schränke vorhanden sind, die verschiedene Inhalte in sich bergen können. Aus einer Bewegung entsteht die Töpferware. Was aber ist die andere Bewegung? Vielleicht steht sie im Zusammenhang mit der destruktiven Kraft, die bereits in Zusammenhang mit der Suche nach dem Deckel des Gefäßes aus rotem Ton aufgetaucht ist (11. Traum).

Eine konstruktive Bewegung, wie sie in dem Initialtraum angedeutet wurde, hat eine destruktive Gegenbewegung.

Dies wird besonders deutlich an dem Kontrast zwischen dem 15. Traum und dem 16. und 17. Traum.

Im 15. Traum erreicht die Zentripetalkraft ihren Höhepunkt. Die Zentripetalkraft, die zentriert und mit der Töpferware in Verbindung gebracht wird (»dieselbe keramische Struktur«), ist eine Manifestation der *ordnenden* Fähigkeit der Persönlichkeit. Hier kommen alle Aspekte der Persönlichkeit um einen Mittelpunkt herum zusammen und erzeugen ein Bild großer Schönheit und Unvergänglichkeit. Sofort darauf erscheint im 16. Traum die alte Frau mit der blassen Haut in einem abgetragenen Kleid aus schwarzem Stoff – der Verfall der Materie. Die spirituelle Unvergänglichkeit steht hier im Kontrast zum materiellen Verfall (15. und 16. Traum).

»Ich wußte gar nicht, wie schwer es sein würde, ein Auto zu fahren« (16. Traum). Es ist schwierig, zwischen diesen beiden Kräften zu manövrieren.

Im 17. Traum erreicht die Dunkelheit ihren Tiefpunkt: »Ein finsterer Mann wirft mich in die dunkle Grube«.

Nach dem 17. Traum fällt Ginger in eine lange Depression, in der sie nur wenig Traummaterial hervorbringt. Keines der Themen, die oben behandelt wurden, wird in den Traumfragmenten aufgegriffen, an die sie sich erinnert. Die Verzweiflung, daß sie niemals wieder ein Kunstwerk erschaffen wird, wechselt mit dem Gefühl ab, in ihrem Leben alles falsch gemacht zu haben. Tief verwurzelte Schuldgefühle kommen an die Oberfläche. Dann fällt sie und bricht sich ein Bein, was ihr lange Zeit die Bewegungsfreiheit nimmt. Einen Monat nach dem Unfall taucht der Traum von der orangeroten Karotte auf. Dies ist ein

Bild von einer großen, bedeutsamen Karotte, aus der viele neue, kleine Wurzeln herauswachsen und eine größere Tiefe erreichen als je zuvor.

An der Wurzel ihres Seins hat eine Vertiefung und Entwicklung stattgefunden.

Nun folgt eine Phase großer Aktivität, in der sie viele Kunstwerke erschafft. Das erste: eine Interpretation der großen, orangeroten Karotte, die Wurzeln getrieben hat. Dann folgen eine Anzahl lebensgroßer Darstellungen zu dem Thema des Spiegels. Ein reflektierender Prozeß hat begonnen.

Die ganze Traumserie zeigt den Wechsel von widerstreitenden Tendenzen: der kreative Prozeß, in dem eine neue geistige Einstellung geboren wird, im Gegensatz zu dem destruktiven Prozeß – den Bildern des Verfalls, der Vernichtung und den finsteren Figuren. Es sieht ganz so aus, als ob die destruktive Entwicklung ihren Tiefpunkt erreicht, als die Träumerin im wahrsten Sinn des Wortes ihren Körper verletzt. Das gebrochene Bein scheint eine perfekte Metapher zu sein, die darstellt, wie die ganze Vorwärtsentwicklung in einem Augenblick der buchstäblichen Zerstörung ganz zum Stillstand gebracht wird. Ich bin auf eine Vielzahl von Traumreihen gestoßen, in denen die konstruktiven und destruktiven Prozesse ineinander verwoben zu sein scheinen. Es ist so, als ob eine kreative Entwicklung immer Hand in Hand mit einem bestimmten Prozeß der Zerstörung und des Verfalls geht. Erneuerung ist gleichzeitig der Tod des Alten.

6 Alchemie als Übung

Das Fundament unserer psychoanalytischen Tradition ist Sigmund Freuds Buch *Die Traumdeutung*. Darin analysiert Freud einige seiner eigenen Träume. Der zentrale Traum, der gewöhnlich »Der Traum von Irmas Injektion« genannt wird, war der erste Traum, den er einer Tiefenanalyse unterzog. Dieser Traum bildet die Basis seiner Traumtheorie.

In seinem Traum wurde eine Patientin von Freud, namens Irma, ernstlich krank. Die Ärzte stellen fest, daß ihre Krankheit *durch einen Anfall von Diarrhöe geheilt werden wird, der sie entgiften wird.* Daher beginnt unsere Tradition der Traumanalyse in einer schmutzigen und ekelerregenden Situation.

Als Jung zum ersten Mal in die dunklen Tiefen hinabstürzte, kam er auf einer weichen, stickigen Masse zu stehen (siehe Kapitel 4).

Als Stella vom Himmel fiel, landete sie in einer Welt von verwahrlosten Slums mit schmutzigen Straßen.

Der steife, weiße Professor fand denjenigen, der ihn befreite, in einer heruntergekommenen, schwarzen Wohngegend. Ginger begann zwischen gesprengten Mauern auf einem schlammigen, abwärtsführenden Weg, auf dem ihre Schuhe schmutzig wurden. Der 6. Traum besagt, daß der Dung so verwendet wurde, daß er die beste Wirkung erzielte.

Eine dunkle, oftmals widerwärtige Unterwelt ist in der Regel der Hintergrund eines einleitenden Fäulnisprozesses; Fäulnis, die notwendig ist, damit sich ein stagnierter Prozeß auflösen kann. Eine Phase von Gestank, Desintegration, Ekel und Depression ist oftmals unsere erste Begegnung mit dem Leben, das sich im Hintergrund des Zustands, den wir »Bewußtsein« nennen, abspielt. Daher ist es nicht erstaunlich, daß wir versuchen, durch den Gebrauch von sterilen Worten wie »das Unbewußte« Zugang zu dieser anrüchigen Welt zu finden. Diese Terminologie bringt den tiefen Wunsch der vordergründigen Welt zum Ausdruck, nichts mit dieser Welt im Hintergrund zu tun haben zu wollen.

Diese hintergründige Welt kommt bei Ginger durch die Hintertür herein. Auch Freud entdeckte die Heilkraft dieser Welt mittels des Hinterteils seiner eigenen Patientin, seiner eigenen Krankheit.

Im Hintergrund der Seele findet ein Heilungsprozeß sehr oft durch die Auflösung der Elemente statt, die bis zu diesem Augenblick im Vordergrund als feste Strukturen des Seelenlebens erschienen sind. Aus diesem Grund vermittelt uns ein solcher Veränderungsprozeß auch das Gefühl, als ob uns der feste Boden unter den Füßen weggezogen würde. Die Elemente, die bis dahin im Leben der Seele vorherrschten, lösen sich in Fäulnis auf und geben neuen Entwicklungen Raum. Ein solcher Verfallsprozeß ist erschreckend. Etwas stirbt. Sterben und Tod treten in den Vordergrund.

Wenn ein solcher Prozeß ohne irgendeine Vorbereitung stattfindet, kann die Angst vor der Zerstörung des alten Bewußtseins so stark werden, daß die Entwicklung blokkiert wird. Daher wurde in Gingers Entwicklungsprozeß ein Gefäß hergestellt, das die Fähigkeit symbolisiert, die Veränderung, die in ihrer Seele vor sich ging, in sich zu bergen.

In einer Analyse, in der zwei Menschen gemeinsam an dem Traummaterial arbeiten, entsteht ein gewisses Maß an Intimität und Vertrauen, eine Liebesbeziehung, die manchmal Übertragung/Gegenübertragung genannt wird. In der Analyse können alle Formen der Liebe (einschließlich Haß) an die Oberfläche kommen, die der Träumer jemals erfahren oder sich vorgestellt hat. Der Träumer und der Therapeut arbeiten zusammen, und die Beziehung zwischen den beiden muß so beschaffen sein, daß sie das Material aufnehmen kann, das aus der Dunkelheit an die Oberfläche kommt. Die Beziehung kann mehr oder weniger stark sein. Zwischen dem atmosphärischen Druck, der auf eine Beziehung ausgeübt werden kann, ohne daß sie zerbricht, und der Tiefe dieser Beziehung besteht eine Verbindung. Eine Beziehung, die großen Druck aushält, kann viele explosive Situationen überstehen, ohne daran kaputtzugehen. Der erotische Druck, der in einer Beziehung entsteht, in der alle Arten von Intimitäten erfahren werden können, wird unter Umständen sehr stark.

Wir haben psychische Prozesse mit alchemistischen Metaphern umschrieben. Wir haben von Schmutz und Kot, Dunkelheit, Tiefe, Finsternis, Schlamm/Erde, Dung, Fäulnis, Gestank, Auflösung, Verfall, Sterben und Tod, dem Behälter (dem hermetischen Gefäß) und allen Arten von phantastisch schönen und reinen, schmutzigen und abartigen Formen der Liebe und Leidenschaft gesprochen.

Diese Bilder sind in der Welt der Alchemie ebenfalls vorherrschend. Schon sehr früh sind Psychoanalytiker auf die Zusammenhänge zwischen Traumbildern und den Bildern der Alchemie gestoßen. In Fortführung der Arbeit von Herbert Silberer, wandte sich C. G. Jung der Alchemie zu, um etwas über die Welt der Traumbilder zu erfahren. Die Alchemie ist einerseits die archaische Form der Chemie, andererseits umfaßt sie auch das Studium der Imaginationsprozesse, die im Zusammenhang mit der unmöglichen Aufgabe stattfinden, unedle Metalle in edle Metalle zu verwandeln. Im Mittelalter entfachte diese unerreichbare Zielsetzung, die Materie durch Technik, Konzentration und Gottes Hilfe zu verfeinern, die Leidenschaft vieler Menschen.

Während der 1500 Jahre, in denen die Alchemie praktiziert wurde, wurde sie außerordentlich verfeinert und hoch entwickelt. Als Beispiel möchte ich eine Beschreibung der drei Bilderwelten anführen, die in der Alchemie immer wieder erwähnt werden: die schwarze Welt, die weiße Welt und die rote Welt. Der Grund, warum ich mich auf diese drei Bilderwelten konzentriere, liegt darin, daß sie eine Weltsicht widerspiegeln, die sich von den uns vertrauten, dualistischen Kategorien wie zum Beispiel männlich und weiblich unterscheidet (Begriffe, die in der Alchemie als König und Königin bezeichnet werden).

Die schwarze Symbolwelt wird »die Schwärzung« (*nigredo*) genannt. Ihr Metall ist das Blei.

Die Atmosphäre dort ist dunkel, unheimlich, gruselig, furchterregend, faulig, depressiv und melancholisch. Dieser Augenblick der Tiefe schafft Kontakt mit dem Unterweltlichen, dem Niedrigen. Es ist eine Zeit der Erniedrigung und Selbstaufgabe.

Gemäß der Alchemie ist die Nigredo die Anfangsphase jedes Prozesses, in dem eine Transformation der Form stattfindet. Erstens müssen die Dinge wie Müll gründlich verfaulen, bevor sie auf den Schutt unzusammenhängender Teile reduziert werden können, in dem die kreative Kraft nun wieder freies Spiel hat. Die Alchemisten sagen, daß am Anfang alles bitter und verfault ist. Initialprozesse führen entweder zu Verwesung oder nehmen ihren Anfang in der Fäulnis.

In diesem Zustand der Nigredo fühlt man sich so, als ob die ganze Welt auseinanderfallen würde – und besonders hat man das Gefühl, daß dieser Nigredo-Zustand niemals vorübergehen wird. Die Zukunft erscheint dunkel und verwirrt. Es kommt einem so vor, als ob das Gefühl der Leere und Isolation für immer andauern wird. Mitten in diesem Verwesungsvorgang schleppt sich das Leben träge dahin. Alle Energie wird dem Bewußtsein entzogen. In diesem bodenlosen, schwarzen Loch findet man den Tod, den Tod als die einzige Realität.

Die weiße Welt wird als »die Weißung« (*albedo*) bezeichnet. Ihr Metall ist Silber.

Der Himmelskörper der dunklen Nacht ist der Mond. Die Albedo ist ein Mondbewußtsein, ein Anflug von Licht in der Dunkelheit, die Kühle und das reflektierende Licht des Auges der Nacht. Es ist keine deutlich umrissene Welt mit klaren Formen, sondern ein Bewußtsein der Vorstellungskraft und Anpassung an die Dunkelheit. Merkur, der Gott der Diebe in der Nacht, der die Seelen in die Unterwelt begleitet, ist hier zu Hause wie der Nachtwind bei Vollmond. Wahnvorstellungen, zweideutige Anspielungen. Merkur fühlt sich in der Albedo recht wohl und inspiriert die Phantasie beständig mit seinen falschen Tricks. Henry Corbin zeigt, wie die Welt der Imagination eine Welt von Bildern in einem Spiegel, ohne den wirklichen Spiegel ist, eine Reflexion.*

Jung beschreibt eine mögliche Beziehung zwischen der Nigredo und der Albedo: »Die zuvor dunkle Situation wird allmählich erhellt, wie eine finstere Nacht, in welcher der Mond aufgeht.[…] Dieses aufdämmernde Licht entspricht der albedo, dem Mondlicht.«[…] ** Alles, was wörtlich genommen wurde, wird hier nun zu einer Metapher, im aufdämmernden Bewußtsein der flatternden Nachtfalter widergespiegelt. Es ist eine Welt der Dichter, Diebe, Verrückten und der Symbolsprache; ein Zwischenreich zwischen dem hellen, klaren Tageslicht und der pechschwarzen Nacht; die mediale Welt, wo das eine genausogut das andere sein kann.

* vgl. »*Mundus Imaginalis*, or the Imaginary and the Imaginal«, in *Spring*, Dallas: Spring Publications 1972, S. 9.
** Mysterium Coniunctionis, *Gesammelte Werke Bd. 14/I*, Olten/Freiburg i. Br.: Walter 1955, 301, S. 251.

Eine dubiose, doppeldeutige Existenz, in der man von einem Zweifel in den nächsten fällt.

Die rote Welt heißt »die Rötung« (*rubedo*). Das Rubedo-Metall ist Gold, das erstarrte Feuer der Sonne.

Die Hitze des Sonnenlichts, die zentrale Lebensquelle, der Urheber aller Kraft, hat eine feste Form angenommen. Gold, so sagen die Alchemisten, ist der Same der Sonne, während Silber der Same des Mondes ist. In der Sonnenwelt entzünden widersprüchliche Leidenschaften den Enthusiasmus durch ständige Reibung. Die Sonne verhilft allen Formen zur Entwicklung, die im Mutterschoß der Erde verborgen liegen.

Unter der Sonne ist alles hell und klar erkennbar. Die Sonne regiert über Ordnung und klare Wahrnehmung. Die Welt der Rubedo ist auch der Bereich, wo eine Verbindung zwischen männlich und weiblich besteht. Alle Beziehungsformen zwischen den beiden Geschlechtern finden hier ihren Ausdruck; es ist eine Welt der Libido. (Erinnern Sie sich an die orangerote Karotte aus Gingers Traum.) Es ist eine Welt des Konfliktes und der Kollision, aber auch des Verschmelzens und der Ehe.

Dazu Jung:

»Die Alchemie drückt dies durch die rubedo aus, in welcher sich die Hochzeit des roten Mannes mit der weißen Frau, des Sol und der Luna, vollzieht. Obschon sich die Gegensätze fliehen, streben sie doch nach Ausgleichung, indem ein Konfliktzustand zu lebenswidrig ist, als daß er dauernd festgehalten werden könnte. Dabei reiben sich die Gegensätze gegenseitig auf: der eine frißt den andern, wie die beiden Drachen oder sonstigen reißenden Tiere der alchemistischen Symbolik.«* (Vergleiche hierzu auch meinen Angie-Traum.)

Der Herrscher der Rubedo ist der mächtige Löwe, der alles unterwirft. (Ein Schatten dessen wird in der machthungrigen Bulldogge in dem Traum von Angie sichtbar.) Die Rubedo fordert zur Handlung auf – zu einer entschlossenen, willentlichen Aktion, Konzentration und Disziplin. Sie ruft eine heroische Welt von höchst sichtbaren, kriegsähnlichen, großen Taten hervor. Während in der Nigredo ein Tiefpunkt erreicht wird, steigt die Sonne hier hinauf zum Zenit. Die Hitze nimmt zu und am Schmelzpunkt verschmelzen die widerstreitenden Elemente zu einer neuen Legierung, einer neuen Qualität. Es ist eine Fusion von unähnlichen Atomkernen. In Anbetracht der Tatsache, daß die Hitze an diesem Punkt ein primärer Aspekt des Prozesses ist, ist der Druck und die Spannung, die auf das Gefäß ausgeübt werden, in dem der Prozeß stattfindet, enorm groß. Es wird nun zu einer Art Schnellkochtopf. Es besteht daher die Gefahr, daß das Gefäß zerspringt, weil es den Druck nicht aushalten kann. Dies wäre ein großes Unglück, da in diesem Fall alles noch einmal von vorne beginnen müßte. Ein Prozeß, der in Stücke geschlagen wurde, kehrt in die Nigredo zurück. Dies kann beispielsweise dann geschehen, wenn die Liebe sich überhitzt und leidenschaftliche Handlungen hervorruft, die die bestehende Beziehung – das Gefäß, in dem die Liebe geschmolzen wird – nicht aushalten kann und die Beziehung zerbricht. Eine

* *Mysterium Coniunctionis*, a.a.O., 301, S. 251f.

Möglichkeit, den Dampf abzulassen, besteht darin, sich auszuagieren. Hier wird die nächtliche Bilderwelt so stark mit der Tagwelt verwechselt, daß die Handlung auf der Projektion der inneren Bilder auf die Außenwelt basiert. Auf diese Weise können sich die inneren Bilder abkühlen, aber der Schaden, den dies in der Außenwelt anrichtet, kann sehr groß sein. Wenn ich mich beispielsweise weigere, meine eigene Wut wahrzunehmen, könnte ich sie auf Sie projizieren. Ich agiere sie aus, indem ich Sie in bösartiger Weise angreife, weil es mir so scheint, als ob Sie wütend auf mich sind anstatt umgekehrt. Auf diese Weise lasse ich zwar meine Wut ab, aber Sie könnten großen Schaden erleiden.

Die Erfahrungen dessen, was wir als innere und äußere Welten wahrnehmen, in Einklang miteinander zu bringen und zu integrieren, ist der schwierige Prozeß der erfolgreichen Rubedo. Es kommt darauf an, den Tendenzen der Bilderwelt ihre Berechtigung zu geben und gleichzeitig die Bilder in der sogenannten Außenwelt wahrzunehmen und auf sie zu reagieren. Dann lebt man in einer Welt der Inspiration, in der die klare Trennung zwischen innen und außen, Kontemplation und Aktion aufgehoben worden ist. Die aktive Imagination und die phantasievolle Aktion verschmelzen.

Übung 10:
Die drei Bilderwelten erforschen

In den folgenden Abschnitten schlage ich Worte und Sätze vor, die mit der schwarzen, weißen und roten Welt verbunden sind. Die Begriffe sind Träumen und der alchemistischen Symbolik entnommen. Die Übung besteht darin zu versuchen, für jede Welt in Ihrem Geist ein Bild entstehen zu lassen.

Die Worte selbst rufen die drei Welten hervor. Dies bedeutet *nicht*, daß das Bild, das eine Welt symbolisiert, ein *Symbol* für eine dieser Welten ist. Daher ist das Wort *Dunkelheit* nicht gleichbedeutend mit der Nigredo. Vielmehr kann Dunkelheit eine Qualität der Nigredo-Welt heraufbeschwören.

Verwenden Sie die nachfolgenden Worte, um Bilder zu erzeugen.

Beispiel: Zwei Nigredo-Worte, die unten angeführt werden, sind *Trostlosigkeit* und *Ödland*.

Stellen Sie sich vor, daß Sie ganz allein in der Wüste sind. Sie sind nicht hier, weil Sie es wollen, sondern weil Sie als der einzige Überlebende eines Schiffbruchs an dieser Wüste gestrandet sind. Es gibt kein Zeichen von Menschen, Tieren oder Wasser. Stellen Sie sich diese Situation vor. Diese trostlose Situation entspricht wahrscheinlich Stimmungen, die Ihnen aus Ihrem eigenen Leben vertraut sind. Dies sind Nigredo-Stimmungen. Wiederholen Sie diese Übung mit jedem Wort, das Ihnen aus dem einen oder anderen Grund einfällt.

Beispiel: Für die Albedo werden Worte wie *Frosch*, *Schlittschuhlaufen* und *Eis* angegeben. Sie könnten sich vorstellen, daß Sie auf spiegelglattem Eis Schlittschuh laufen. Spüren Sie, wie Sie Ihr Gleichgewicht halten und wie glatt das Eis ist. Schauen Sie auf die spiegelglatte Fläche unter Ihnen, in der sich Ihr eigenes Bild spiegelt. Es ist kalt, auf den Feldern liegt Schnee. Weiß. Sie entdecken einen Frosch, der in dieser kalten Landschaft vielleicht ein wenig starr ist. Durch ein Loch im Eis hüpft er ins Wasser. Der Frosch fühlt sich zu Land und zu Wasser gleich wohl. Spüren Sie den Unterschied zwischen dem festen Boden und dem fließenden Wasser. Fest und flüssig. Der Frosch lebt in beiden Zuständen. Nun spüren Sie, in welche Stimmung Sie geraten sind: nachdenklich, darauf bedacht, Ihr prekäres Gleichgewicht auf dem glatten Eis zu bewahren, gleichzeitig fest und flüssig, kaltblütig. Vergleichen Sie diese Stimmungen mit entsprechenden Augenblicken in Ihrem Leben.

Die Nigredo

Im Anfangsstadium des alchemistischen Prozesses durchläuft die Materie eine dunkle Phase – die Dunkelheit der Verzweiflung. In diesem Bereich gibt es kein Licht, keine Möglichkeit zur Reflexion. Das Metall ist Blei, das Herz ist schwer, und im tiefsten Zustand der Nigredo gibt es keine Bilder. Es ist pechschwarz. Dies ist der Hintergrund für viele Bilder zu Beginn eines Auflösungsprozesses. Ein Zustand des Zerfalls, dem das Gefühl der Depression und Melancholie innewohnt.

In der Alchemie und in Träumen tauchen folgende Symbolbilder auf, welche die Nigredo zum Ausdruck bringen: fauliges Wasser, das an die Oberfläche kommt, der Gestank von Gräbern, in die Tiefe stürzen oder in einen Brunnen fallen; schwere, irreversibel nach unten führende Bewegungen; Erniedrigungen, zusammenstürzende Gebäude, Ruinen und ausgebrannte Schutthaufen; Misthaufen und Exkremente, abgenagte Knochen und Skelette, die Nachkriegszeit, eine Atmosphäre der Verzweiflung, Karfreitag, der Tiefpunkt der Nacht vor der Kreuzigung. Verwüstung und Ödland; versteinerte, leblose Landschaften; Folterinstrumente und der Tod von geliebten Menschen, Autoritätspersonen und Verwandten. Der Diebstahl von großen Geldsummen; verwundete Tiere; Amputationen. Chaos, Konfusion, herumkriechendes Ungeziefer. Aufgrund dessen kann die Nigredo-Phase ein Zustand der *massa confusa* (unordentliche Materie) sein. Scheidung, der Verlust der Arbeitsstelle, Krankheit. Die Tiere, die mit dieser Welt verbunden sind, sind meistens dunkel und finster: Raben, Krähen, furchterregende schwarze Hunde und Katzen (mit einem hexenähnlichen Charakter), Giftschlangen, Ratten, Fledermäuse, Haifische, Kraken, Quallen und Blutegel. In der technologischen Symbolwelt: U-Boote, Bomben, manchmal Staubsauger (die alle Energie aufsaugen), Handschellen, Motorsägen zum Fällen von Bäumen, Dampfer, Nähmaschinen, Rinnsteine, Leichenwagen und andere Fahrzeuge. In bezug auf menschliche Figuren: Nazis und andere finstere Feinde, Gefängniswärter, verhaßte Rassen, Vergewaltiger, Verfolger und Kurpfuscher.

In dieser Welt der Tiefpunkte tauchen oftmals zynische und sarkastische Figuren auf, es werden abfällige Bemerkungen gemacht und die Sicht ist behindert. Sadomasochismus und widerwärtige Pornographie. Düstere Radierungen und Bleistiftzeichnungen. In der Nigredo hat sich der Prozeß selbst von der Fixierung befreit, in der er sich lange Zeit festgefahren hatte. In der Alchemie findet die Mortifikation, das Sterben des alten Königs, des Großvaters statt. Überlebte Formen, die uns zu lange beherrscht haben, lösen sich jetzt auf, so daß eine Lösung gefunden werden kann, und festgefahrenes psychisches Material kann sich in seine Bestandteile aufspalten. Das alte Szenarium ist nicht mehr brauchbar.

Die Funktion der Nigredo besteht darin, alles Licht zu verdunkeln, so daß sich das Auge an die dunkle Welt gewöhnen kann. Alle Komplexe, die bisher vom zentralen Bewußtsein kontrolliert wurden, brechen zusammen. Manchmal taucht an diesem Punkt das Bild von einem sternenübersäten Himmel ohne festen Bezugspunkt auf.

Das Bewußtsein verliert die Kontrolle über die Welt, und die unbewußten Bilder strömen herein.

Die Albedo

Wenn sich das Auge an die Dunkelheit gewöhnt, wenn die Finsternis der Nacht durchlitten wurde, taucht das weiße Licht des Mondes auf. Das Mondlicht ist reflektiertes Licht. Es erschafft eine Welt der Phantasie, die im Dunklen zu Hause ist. Das Metall ist Silber. Es ist eine Welt des Echos, der Klänge und Stimmen, hilfreiche Stimmen, aber auch Wahnvorstellungen.

Reflektierende Wasseroberflächen, Spiegel, Wäsche, Waschmaschinen und alle Arten von Waschmitteln, Seife (die Albedo wird oftmals auch die *ablutio* genannt, das Weißwaschen nach der Schwärzung). Gedichte, Briefe und alles, was mit der nichtrationalen Sprache zu tun hat, gehört zur Albedo-Atmosphäre. Neonlicht (kaltes Licht), Eis und verschneite Landschaften. Ziellos umherirren, nach hinten fallen, rückwärts gehen, Krebse. Voyeurismus und erotische Phantasien. Gläser, Schüsseln und Gefäße, in die man etwas hineinfüllen kann. Passives Herumhängen, Tagträumen, die Einnahme von bewußtseinsverändernden Drogen (keine Stimulanzien wie zum Beispiel Kaffee). Transvestiten, Transsexuelle, Geschlechtsumwandlungen. Schwangerschaft, Inkubation und Eier. Perlen, Kristalle und Glaswaren. Blasse Gesichter, Körper und Pflanzen. Rekonvaleszenten und im Heilungsprozeß befindliche Krankheiten.

Die Stimmungen sind tiefgründig, phantasiereich, nicht besonders emotionsgeladen, sondern eher kühl. Zu dieser Welt gehören Nachtvögel und Nachtfalter, Eulen und Schmetterlinge. Tieffliegende Vögel und alle Arten von weißen Tieren wie zum Beispiel Mäuse, Schafe und Eisbären. Tiere, die sich in der Nacht gut zurechtfinden – Füchse, Wiesel. Amphibien wie Frösche und Salamander. Schlangen und andere Tiere, die sich häuten oder mausern. Wesen, die ihr Aussehen verändern. In bezug auf die Technologie: Schlittschuhe; alles, was mit den Medien zu tun hat: Radio, Fernsehen, Film, Malerei. Fahrzeuge mit instabilem Gleichgewicht (zum Beispiel Fahrräder). Kühlschränke, Gefriertruhen, Tafelsilber, medizinische Instrumente, Wasserhähne, Wasserleitungen. Darüber hinaus werden Invaliden, die Hilfe brauchen und Menschen in helfenden Berufen wie Krankenschwestern, Verrückte, die sich nicht in einem psychotischen Angstzustand befinden, Psychopathen, Ästheten, blaßhäutige und eitle Menschen, Künstler und Clowns assoziiert. Aquarellmalerei. Salz, Bitterkeit und Enttäuschung.

Alles ist veränderlich. Es ist eine Welt der Zigeuner, Nomaden und Wahrsager. Die Stimmung ist introvertiert. Es gibt kein zentrales, verstandesmäßiges, ordnendes Bewußtsein, das sich willensstark behauptet. Statt dessen herrscht hier eine Einstellung vor, die den Zustand der Auflösung toleriert und sich mit dem Zerfall wohlfühlt. In dieser Albedo kehrt ein reflektives und an eine Patchworkdecke erinnerndes Bewußtsein in eine Welt der Dunkelheit zurück.

Das Weiß der Albedo muß von dem jungfräulichen Weiß unterschieden werden, dem Weiß der Milch und Eiscreme, dem Weiß, das für die unbefleckte Reinheit steht. Das wäre ein Prä-nigredo-Weiß, eine cremefarbene Selbstzufriedenheit mit der Klarheit, die vor jedem Zweifel steht. Oftmals beginnt der Nigredo-Prozeß mit einem Einbruch oder einer Vergewaltigung, die diesen cremefarbenen, rosigen Anfangszustand verletzt und zerstört. Das Weiß der Albedo erscheint nach der Qual der Nigredo.

Die Rubedo

Das erste Licht, Morgendämmerung. Sonnenaufgang. Gold und Vergoldung, der Flitter und der Schein, aber auch das Wertvolle. Hier kommt die Fähigkeit der Bewertung ins Spiel, die Wert und Sinn beimißt, Hierarchien aufstellt und die Dinge als erhitzte Gegensätze betrachtet. Dies ist die nach außen gerichtete Kraft des zentralen Willens. Dieses nach Werten suchende und Werte erschaffende Bewußtsein bildet den Weg des Gesetzes. Die rechte Seite ist der Gegensatz zur linken (die im Zusammenhang mit dem Finsteren, Dunklen und Irrationalen steht). Vernunft und Maß. Wertmaßstäbe und Validität. Neubewertung und Währungen. Aufsteigen, Getreide anbauen, grüner Überfluß. Sommer und Löwe. Hochgelegene Aussichtspunkte, Gipfel, hohe Berge (wohingegen sich die Albedo-Welt oftmals in den Tälern abspielt). Regeln, Ampeln, Befehle. Macht, Machthunger. Den Knoten durchhauen. Blut, Mut, Ausdauer. Hochfliegende Vögel. Raubvögel, die von Ferne nach ihrer Beute Ausschau halten. Klare Augen, scharfe Sicht. Teleskope, Ferngläser und Mikroskope. Raketen; Raumschiffe, so lang sie auf einem bestimmten Kurs fliegen (im Gegensatz zu im All schwebenden Satelliten). Raumanzüge, Sauerstoffflaschen. Computer, Rechenschieber, Scheibenwischer (für die klare Sicht). Sprungbretter, federnde Trapeze, ein Fahrstuhl, der aufwärts fährt. Wissenschaftler, Sklaventreiber, Ölscheichs. Feuer, Verbrennungsmotor, Müllverbrennung, Benzintank, Tankstelle, Gasofen. Brüllendes Gelächter. Süden und Osten (die Nigredo ist mit dem Westen, Sonnenuntergang und Tod, die Albedo mit dem kühlen Norden verbunden). Fleisch, besonders rotes Fleisch. Diktatoren, Tyrannen. Vulkane, Pfeifen und Rauchwaren (aber keine bewußtseinsverändernden Drogen). Kaffee, Zucker, Stimulanzien, Vitamintabletten. Turnübungen, die aus gesundheitlichen Gründen gemacht werden. Schnelltransporte, Schulen, Ausbildungsstätten. Soldaten, Pferde, Pferdestärke. Manische Zustände, extrem große Menschen, Athleten. Messer, Rasierklingen, spitze Gegenstände. Penis, Karotte, Radieschen. Zuckerrübe, Banane, tropische Früchte, Fruchtzucker. Alkoholische Getränke (wenn sie nicht getrunken werden, im Gegensatz zu der Vergiftung mit Wein im Albedo), Kosmetika (im Gegensatz zu Gesichtsbemalung), Haut, Sonnenmilch, Sonnenbräune. Alles, was die Essenz von irgend etwas anderem reflektiert. Blaupause, Baupläne. Ölmalerei. Das Zentrum (im Gegensatz zur Peripherie in der Albedo). Ehe, Eheprobleme. Beziehungen (sexuell oder nicht). Dies ist die Welt des ordnenden Sonnenbewußtseins, bewertend und aktiv, extravertiert und entflammbar. Durch die Entzündlichkeit und den Machthunger kann eine Situation entstehen, die zur Schwärzung führt. Ausgebranntsein, Dekadenz und Verlust der Macht. Korruption und Fäulnis.

So vollzieht sich der ständige Kreislauf der alchemistischen Bilder. Diese alchemistischen Übungen heben ein zentrales Prinzip in der Traumarbeit hervor: *die Phantasie muß ebenso diszipliniert trainiert werden* wie der Intellekt.

7 Maggie in San Francisco
(*Ein Traum*)

In meinem Traumseminar arbeiten wir gewöhnlich an den Träumen von Teilnehmern, die wir als praktisches Material verwenden, um zu demonstrieren, wie man mit Träumen arbeitet. Hiermit sind Sie eingeladen, daran teilzuhaben.

Wir befinden uns in einem engen Raum. Siebzehn Leute müssen ziemlich dicht aufeinandersitzen, und es riecht nach Farbe. Ich sitze in der Ecke und habe gerade noch Zeit, mir ein mit Ei belegtes Brötchen in den Mund zu stopfen, bevor mich die Uhr streng ermahnt, daß es 19.30 Uhr und Zeit ist, mit meinem Traumkurs zu beginnen. Ich habe den ganzen Tag gearbeitet und spüre die Abneigung und den Widerwillen, die immer in mir hochkommen, wenn ich öffentlich an Träumen arbeite, denn bei Träumen weiß man nie so genau, was kommt. Bei den meisten Träumen hat man das Gefühl, daß man nichts tun kann, und doch muß man etwas machen.

Glücklicherweise haben diese Leute schon jahrelang mit Träumen gearbeitet. Trotzdem verläuft die Gruppe noch nicht reibungslos, da wir uns erst an zwei Abenden davor kennengelernt haben. Dies ist unser drittes Treffen. Diejenigen, die ein wenig ungezwungener über ihre Träume sprechen können, hatten sie zu Anfang erzählt, so daß ich über eine Menge Material verfügte. Aber nun bin ich nicht sicher, ob wir in ein Loch fallen werden und keiner an einem Traum arbeiten möchte. Ich habe Angst, nicht weiterzukommen und kein Anschauungsmaterial zu haben. Dann erkenne ich, daß ich *immer* befürchte, keine Träume zum Arbeiten zu haben, doch noch nie zuvor bin ich ohne Träume steckengeblieben. Ich weiß, daß ich Angst habe. Für mich bedeutet dies, daß ich mich auf die Traumarbeit vorbereite. Irgendwo tief in mir hoffe ich jedesmal, daß niemand einen Traum erzählt und ich ganz einfach nach Hause gehen kann.

Glücklicherweise hilft mir Maggie aus der Patsche. Sie hat »ein Bruchstück von einem Traum«, an dem sie arbeiten will. Sie ist eine kleine, beherzte Frau, die einen dicken, grünen Mohairpulli trägt. Sie hat kurzes, dunkles Haar und erfaßt Situationen sehr schnell. Während ihr Mund lacht, bleiben ihre Augen immer ein wenig traurig. Wir kommen gut miteinander aus.

Als erstes bitte ich die Teilnehmer, kurz in sich zu gehen, um eine Bestandsaufnahme zu machen. Wie fühlen sich die Füße an? Die Beine? Ein schwacher Schmerz in den Knien. Spüren wir noch ein wenig weiter. Der Magen, das Herz, die Arme, der Nacken. Welche Stimmung ist vorherrschend? Schlechte Laune? Sind die Gedanken hauptsächlich beim Ehepartner, mit dem wir gerade einen Streit hatten? Oder ist ein Hochgefühl und beste Laune bestimmend? Fühlen wir uns leicht oder schwer? Wie geht das Atmen, mühelos? Wie ist es mit dem Herz? Ist es zu spüren, schlägt es schnell, langsam, rhythmisch – wie? Der Zweck dieser Innenschau besteht darin, zu erkennen, was in uns vorgeht, zumindest ein bißchen, so daß wir Veränderungen entdecken können, während wir einem Traum zuhören. Ein Traum vermittelt eine bestimmte Atmosphäre, so wie ein Raum, den wir betreten, eine ganz bestimmte Atmosphäre ausstrahlt. Ein verrauchtes Zimmer voller Gangster hat eine andere Atmosphäre als das Kaffeekränzchen von ein paar alten Damen. Wenn wir ein Haus betreten, spüren wir sehr schnell die Atmosphäre. Unsere Stimmung verändert sich ein wenig. Im Fall der Gangster bekommen wir Angst und sind aufgeregt. Im Fall des Kaffeekränzchens kommt Langeweile auf oder umgekehrt. Wir nehmen die Atmosphäre unserer Umgebung in Form eines Stimmungswechsels wahr. Nun kennen wir unsere Stimmung. Dies dient uns als Ausgangspunkt.

Ich bitte die Teilnehmer, eine oder zwei Minuten lang in sich zu gehen, was auch die Stimmung im Raum auf die Innenwelt einstimmt und eine vertrautere Atmosphäre erzeugt. Dann lasse ich den Traum zweimal erzählen. Zunächst bitte ich Maggie, uns den Traum in der Gegenwartsform zu erzählen, nicht wie eine Geschichte, sondern als direkte Erinnerung an die Traumbilder. Ich bitte sie auch, unseren Reiseführer in ihrer Traumwelt zu spielen, was bedeutet, daß sie das Geschehen bildhaft darstellen und so genau wie möglich beschreiben muß.

Sie schließt ihre Augen und konzentriert sich. Die meisten Zuhörer sitzen auch mit geschlossenen Augen da, wobei sie gelegentlich Maggie anschauen. Sie beginnt. Wie von selbst schließen sich auch meine Augen. Maggie erzählt:

Ich bin in San Francisco und besuche Verwandte, die ich nur in diesem Traum kenne. Wir befinden uns auf einem öffentlichen Platz. Ich stehe ein paar Meter von ihnen entfernt und mache eifrig Fotos von ihnen. In der kleinen Gruppe erblicke ich einen kleinen Jungen. Sein Vater steht neben ihm. In diesem Augenblick kann ich die anderen Familienmitglieder nicht so deutlich erkennen. Meine Aufmerksamkeit konzentriert sich ausschließlich auf den kleinen Jungen. Ich habe zwei Kameras umhängen. In beiden Kameras sind nur noch ein paar Aufnahmen übrig. Der Film ist fast zu Ende und ich möchte noch ein paar Bilder von der Familie schießen. Im Hintergrund befindet sich ein Gebäude aus rosa und grauen Steinen, Granitblöcken. Sehr massiv. Es ist scheinbar wichtig für mich, die Bilder zu machen, bevor der Film zu Ende ist. Das ist alles, woran ich mich erinnere. Es ist nicht sehr viel, aber es ist mir im Gedächtnis geblieben.

Zu Beginn unserer Zusammenkunft hatte ich um kurze Träume gebeten, da es viel schwerer ist, mit langen Träumen zu arbeiten, und nun möchte ich, daß wir uns auf die einzelnen Bilder konzentrieren. Ich frage nach den ersten Reaktionen auf den Traum. Ein Mann findet, daß Maggie von den Bildern nicht besonders berührt zu sein scheint. Ein anderer meint, eine gewisse Traurigkeit aus der Aussage herausgehört zu haben, »daß es die letzten Bilder auf dem Film sind« – so als ob etwas vorbei wäre. »Ja«, sagt eine Frau, »ich empfinde es genauso wie damals, als mich meine Familie verließ. Die Kinder gingen aus dem Haus, mein Mann verließ mich. Der Traum erinnerte mich ein wenig an diese letzten paar Tage.« Offensichtlich hatten einige Zuhörer beim Erzählen des Traums ein Gefühl, das sich um Dinge drehte, die zu Ende gehen. Etwas endet. Ich weise darauf hin, daß es wichtig ist, in diesem Gefühl zu bleiben, während wir an diesem Bild arbeiten, um so mehr, weil der Eindruck vorherrscht, daß Maggie mit der Stimmung des Bildes nicht besonders stark verbunden zu sein scheint. Die Atmosphäre wurde auf die Zuhörer übertragen. Je mehr der Träumer die zu dem Traum gehörigen Gefühle verdrängt, um so stärker kann oftmals ein anderer, der mit ihm an dem Traum arbeitet, diese unterdrückten Emotionen bei sich selbst spüren.

Die Frau, die sich so fühlt wie damals, als sie von ihrer ganzen Familie verlassen wurde, spürt vielleicht die verborgene Stimmung des Traums *in ihrem eigenen Bildmaterial.* Auf meine Frage antwortet sie, daß dieses Erlebnis nicht mehr besonders frisch ist und sie nicht mehr oft daran denkt.

Eine andere Frau langweilt sich bei dem Traum zu Tode. Ich weise darauf hin, daß dies mit Maggies unbewußtem Widerstand gegen den Traum zu tun haben könnte. Das Gefühl des gelangweilten Zuhörers könnte mit der Bemerkung des Mannes zusammenhängen, der zu Beginn sagte, daß Maggie von dem Traum nicht besonders stark berührt zu sein scheint. In der Traumarbeit ist es von großer Wichtigkeit, auf die Fluktuationen der Aufmerksamkeit zu achten. Unbewußte Widerstände kommen oftmals als Langeweile, Müdigkeit oder abschweifende Gedanken zum Ausdruck.

Ein Mann berichtet, daß er beim Zuhören das Gefühl hatte, daß seine ganze Aversion gegen Familienbesuche in ihm hoch kam. Er fügt hinzu, daß dies seiner Meinung nach nichts mit Maggie zu tun hat. Ich antworte, daß es in jedem Fall wichtig ist, wenn er mit an Maggies Traum arbeiten möchte, diesen Widerstand gegenüber Familienbesuchen bewußt zu erleben und Maggie zu fragen, ob sie ähnlich empfindet. Selbst wenn es nichts mit Maggie zu tun hat, ist es wichtig zu wissen, wie man als Zuhörer eingestellt ist. In diesem Fall ist man tatsächlich in zwei Träume verwickelt, seinen eigenen und den des Träumers.

Nun bitte ich Maggie, den Traum noch einmal wiederzuerzählen. Dieses Mal achten die Zuhörer nicht so sehr auf ihre eigenen Reaktionen als vielmehr auf die Details der Bilderwelt, die Maggie beschreibt. Ein zusätzlicher Vorteil, den Traum zweimal erzählen zu lassen, besteht darin, daß die zweite Erzählung in der ersten gespiegelt wird.

Maggie erzählt:

Ich bin in San Francisco. Ich weiß nicht, wie ich dorthin gekommen bin. Vielleicht bin ich dort in Urlaub. Auf jeden Fall befinde ich mich in San Francisco. Ich bin bei Verwandten. Verwandte, die ich nicht kenne. Ich habe eine Cousine an der Westküste, aber sie ist nicht dabei. Nein, ich kenne diese Leute nicht. Wir befinden uns auf einem öffentlichen Platz. Es sieht aus wie das Zentrum von San Francisco. Wir stehen irgendwo vor einem Gebäude. Ja, es ist ein großes Gebäude. Ich sehe große Granitblöcke, aus denen das Gebäude besteht. Sie sind grau und rosa. Das Gebäude hat ein spitz zulaufendes Dach – es sieht ungefähr so aus. [Mit ihren Händen deutet sie ein Dreieck an, um zu zeigen, wie das spitz zulaufende Dach aussieht. Nun ist klar, daß sie das Bild direkt, von innen heraus beobachtet. Das Gefühl, daß sie nicht ganz in ihrem Traum ist, ist vollständig verschwunden.] Im Hintergrund gehen Leute in das Gebäude hinein. Es sieht aus wie ein Rathaus. Oder eher wie ein Gebäude, in das die Menschen gehen, um alle möglichen Probleme zu lösen. In einem solchen Gebäude könnte ein Gericht sein. Oder das Sozialamt. Das Gebäude ist wunderschön, aber es wirkt sehr bedrückend und ernst. Wir stehen auf einem gepflasterten Platz. Der kleine Junge hat Shorts an, er hat helles Haar. Sein Vater neben ihm ist dunkelblond. Ich kenne sie ziemlich gut. Zumindest in dem Traum. In diesem Augenblick habe ich keine Ahnung, wo sie sind. [Wir spüren, wie sie sich einen Moment lang von dem Traum distanziert.] Nein, ich erkenne sie nicht. Ich stehe mit den beiden Kameras da, die um meinen Hals hängen. Ich möchte den kleinen Jungen und gleichzeitig das Gebäude hinter ihm fotografieren. Ich möchte den kleinen Jungen und das große Gebäude gleichzeitig auf dem Bild haben. [Sie macht eine kurze Pause.] Das war es.

Nun frage ich, was den Zuhörern an den Bildern aufgefallen ist.

»Sie hat zwei Kameras«, sagt jemand. »Sie muß sich auf zwei Dinge gleichzeitig konzentrieren.«

»Dieses Mal finde ich den Traum überhaupt nicht langweilig«, bemerkt die Frau, die beim ersten Mal zu Tode gelangweilt war.

»Ich möchte mehr über das Gebäude wissen«, sagt ein anderer.

»Ja, und über die Verwandten.«

»Und über San Francisco.«

Der Wunsch nach Assoziationen kommt spontan an die Oberfläche. Man hört die Bilder und beginnt, sich nach

Dingen zu fragen, über die man von der Träumerin noch mehr erfahren möchte, um sich den speziellen Zusammenhang besser vorstellen zu können.

»Was ist Euch noch aufgefallen?« frage ich.

Eine Frau sagt: »Ich weiß nicht, was dies damit zu tun hat, aber ich habe ein Wortspiel bemerkt. Zwei Filmrollen. Ich frage mich, ob es in Maggies Leben zwei Rollen im Zusammenhang mit ihrer Familie gibt. Aber ich weiß nicht, wie man das herausfinden könnte. Es könnte uns zu weit weg von dem Traum führen.«

Ein Wortspiel wie dieses ist oftmals ein guter Hinweis, dem man nachgehen kann, aber es ist strategisch wichtig, sich zunächst auf die Realität der Traumbilder zu konzentrieren. Ansonsten könnte uns die Assoziation von dem Traum weg – und hin zu all den Komplexen führen, die mit dem Traum verbunden sind. Ich weise auf den Unterschied zwischen der Freudschen freien Assoziation – einem Prozeß, der von einer Assoziation zur nächsten springt – und Jungs aktiver Imagination hin, die bei dem Bild bleibt und versucht, in es einzudringen. Beide Methoden sind sehr wertvoll, aber es ist eine Frage des richtigen Zeitpunkts, wann man welche Methode einsetzt. Bei der Arbeit an dem Traum werde ich darauf hinweisen, in welchen Augenblicken es meiner Meinung nach effektiv wäre, in solche Assoziationsketten abzuschweifen.

Ich schlage vor, daß es im Augenblick an der Zeit ist, weiterzumachen und nach Assoziationen zu fragen, nach Bildern, die in dem Traum spontan auftauchen, während man sich auf die verschiedenen Traumelemente konzentriert. Dies ist keine freie Assoziation. Die Assoziationen haben einen direkten Bezug zu den Traumelementen. Es handelt sich hierbei um assoziative Reaktionen.

Also wollen wir noch mehr über das Gebäude im Hintergrund, die Verwandten und San Francisco hören. »Und über das Fotografieren«, schlägt jemand vor.

»Ja«, sagt ein Mann, »mir ist auch etwas aufgefallen, bei dem ich nicht so genau weiß, was ich damit anfangen soll. Wenn ich daran denke, die letzten Bilder eines Filmes zu verknipsen, habe ich immer das Gefühl: Beeilen wir uns und machen die Fotos, damit wir den Film entwickeln lassen können. Das erscheint mir sehr wichtig, aber ich weiß nicht, wie es bei Maggie ist.«

Ich halte dies für eine ausgezeichnete Reaktion. Es ist von wesentlicher Bedeutung, ob die Betonung auf den letzten Bildern oder auf der bevorstehenden Entwicklung des Films liegt. Aus diesem Grund mache ich den Vorschlag, daß er Maggie dazu befragen soll. Sie antwortet, daß ihr dieses Gefühl auch sehr vertraut ist, wenn sie Fotos macht, aber daß es in dem Traum mehr darum geht, Bilder von dem kleinen Jungen, der Familie und dem Gebäude zu machen, bevor der Film zu Ende ist.

Da wir nun über das Fotografieren im allgemeinen sprechen, frage ich Maggie nach Bildern, die ihr spontan einfallen, wenn sie das Wort *fotografieren* hört.

»Ich habe eine Kamera. Und ich fotografiere. Es ist kein wirkliches Hobby. Aus diesem Grund bin ich froh, daß die Kameras in dem Traum leicht zu bedienen sind. Denn ich möchte sichergehen, daß die Bilder gut gelingen. Mit diesen Kameras bin ich mir meiner selbst sicher.«

Leise, aber hörbar, wiederhole ich die Worte »meiner

selbst sicher« ein paarmal, so daß sie ein Echo bekommen. Wenn man Schlüsselworte auf diese Weise herausgreift, werden sie zu Stimmungsbildern oder Beispielen für einen bestimmten Gefühlszustand.

Gleichzeitig werden drei Stimmen laut, die mehr über San Francisco erfahren wollen.

Die Art und Weise, wie man eine Frage stellt, ist bedeutsam, da die Antwort teilweise von der Fragestellung abhängt. Meist hat sich die Faustregel bewährt, mit einer allgemeinen Frage zu beginnen und dann zu Detailfragen überzugehen.

Im Fall von San Francisco hatte ich als erstes gefragt: »Was fällt Dir ein, wenn Du an San Francisco denkst?« Und dann: »Wo befinden wir uns in der Stadt? Erinnert Dich der Platz in San Francisco an irgend etwas?«

»Ich bin niemals in San Francisco gewesen«, antwortet Maggie auf die erste Frage, »obwohl ich von meiner Cousine eingeladen worden bin, die dort lebt«.

In diesem Augenblick ist ein Übergang zu der Cousine möglich, zu Assoziationen, die von dem Traumbild wegführen. Wer ist diese Cousine und welche Erinnerungen hat Maggie an sie aus der Vergangenheit, jüngeren Datums usw.?

»Meine Cousine gehört nicht zu der Familie, die ich fotografieren möchte. In diesem Augenblick kenne ich wirklich keinen von ihnen.«

»Deine Traumfamilie«, suggeriere ich.

»Der Platz ist das Zentrum von San Francisco«, antwortet sie auf die zweite Frage. »Wir sind im Herzen der Stadt.«

»Das *Herz* der Stadt«, wiederhole ich, »das Zentrum.«

Nun haben wir den Punkt erreicht, wo wir tiefer in das Bild eindringen sollten. Ich muß langsam beginnen, mehr Druck hinter das Traumbild zu machen und die Vertrautheit zwischen Maggie und mir zu verstärken.

»Was siehst Du von der Familie?«, frage ich.

»Es ist ziemlich verschwommen. Tatsächlich sehe ich in der Hauptsache den kleinen Jungen. Die anderen Familienmitglieder sind nur sehr schemenhaft. Ich weiß, daß sie da sind, aber ich kann mich nicht an sie erinnern.«

In der Erinnerung hat automatisch eine Konzentration auf den kleinen Jungen stattgefunden. Es ist wahrscheinlich, daß zu der Zeit, wo sie wirklich träumte, auch die anderen Familienmitglieder sichtbar waren, da sich ein Traum kaum von einem alltäglichen Ereignis unterscheidet. Doch die Erinnerung hat bereits selektiert, was sie für wichtig hält – nämlich den kleinen Jungen.

»Wie sieht der kleine Junge aus?«, frage ich.

Ihr Gesichtsausdruck läßt nun darauf schließen, daß sie versucht, das Bild in den Brennpunkt zu rücken. Sie starrt mit geschlossenen Augen intensivst auf etwas. Sie lehnt sich ein wenig vor. Sie ist hellwach.

»Er hat große, unschuldige Augen und einen schelmischen Mund.«

»Wie ist er gekleidet?«

»Shorts und Pulli. Sandalen.«

»Und wie sieht das Gebäude im Hintergrund aus?«

»Es ist aus Granit. Sehr massiv und schwer. Es ist ein öffentliches Gebäude.«

»Öffentlich«, wiederhole ich.

»In dem Gebäude werden Probleme gelöst.«

113

»Probleme gelöst; Lösung«, gebe ich wider.

»Es ist ein Gebäude, wo man sich um Angelegenheiten kümmert.«

»Sich um Menschen mit Problemen kümmern«, murmle ich, kaum hörbar und daher mit Betonung. Alle sitzen entweder mit geschlossenen Augen da oder schen Maggie aufmerksam an. All diese Fragen zielten darauf ab, Maggie in das Traumbild hineinzustoßen, und dienten dazu, daß sie den Traum von innen heraus erfährt. Nun scheint der Augenblick für eine kleine, therapeutische Maßnahme gekommen zu sein.

»Kannst Du durch die Kamera sehen?«

Sie nickt.

»Kannst Du die Kamera nun auf den kleinen Jungen und dann auf das Gebäude, dann wieder auf den Jungen und dann wieder auf das Gebäude richten? Kannst Du das ein paarmal machen?«

Sie nickt und ist für einen Moment ruhig. Ich kann das Ticken der Uhr hören.

»Das Bild verändert sich«, sagt sie. »Der kleine Junge wird sehr lebendig. Er beginnt, auf- und abzuspringen. Er möchte, daß ich ihm meine ganze Aufmerksamkeit schenke und nicht dem Gebäude.«

»Was empfindest Du dabei?«, frage ich.

»Das möchte ich nicht«, sagt sie bestimmt. »Ich möchte den kleinen Jungen *und* das Gebäude gleichzeitig im Brennpunkt haben.«

»Welche Stimmung hat der Junge?«

»Er ist glücklich. Er sieht unbeschwert aus. Sehr spontan. Ein sonniges Kind. Optimistisch.«

»Und welche Stimmung verbreitet das Gebäude?«

»Ernst und ästhetisch. Fürsorglich. Es steht im Dienst der Gerechtigkeit. Es ist wunderschön, aber sehr schwer. Sehr solide.«

An dieser Stelle könnten wir nun in jeder beliebigen Richtung weitermachen. Wir könnten nach den Momenten in ihrem Leben fragen, wo eine so leichte, kindliche, spontane Stimmung auftaucht, die nicht durch den Ernst beeinträchtigt werden möchte. Wo in ihrem Leben hat sie das Gefühl, für jemanden sorgen und sich nützlich machen zu müssen?

Beide Stimmungen – die unbeschwerte, kindliche und die schwere, ernste Gemütsverfassung – müssen erforscht werden, sowie auch die Punkte in ihrem Leben, wo diese Stimmungen in Konflikt geraten. Wir könnten untersuchen, in welchem Gegensatz die beiden Stimmungen zueinander stehen und die Ereignisse erforschen, bei denen man sich bemüht, sich gleichzeitig auf beide Stimmungen zu konzentrieren und wo die kindliche Laune versucht, dies zu verhindern, indem sie sehr lebendig wird. Vielleicht hat dieses Bild einerseits mit Maggies kindlichem Optimismus zu tun, der überall neue Möglichkeiten sieht, und andererseits mit ihrem schwerwiegenden Verantwortungsgefühl, das einen unterdrückenden Einfluß auf sie ausüben könnte, was wiederum in vielen glücklichen Augenblicken in ihrem Leben Schuldgefühle zur Folge hat.

Da es mir hier darum geht zu zeigen, wie die allgemeinen Formen in einem Traum sichtbar werden und wie die Traumstruktur sich ineinanderfügt, möchte ich meine Ausführungen an dieser Stelle beenden. Die Traumstruktur ist mehr oder weniger unpersönlich. Jeder könnte diesen Traum gehabt haben. Die Traumstruktur mit persönlichen Bildern zu füllen, erfordert ein Maß an Vertrautheit, das in dieser Gruppe nicht vorhanden ist. Je persönlicher die Bilder, um so stärker ist das Bedürfnis nach einer Vertrauensbeziehung, die die Emotionen auffangen kann. Die Alchemisten nennen dies das »hermetische Gefäß«. Wenn man in einer Gruppensitzung an Träumen arbeitet, ist es von großer Wichtigkeit, genau abzuschätzen, wieviel Intimität eine Gruppe vertragen kann. Je persönlicher das Material ist, das in eine Gruppe eingebracht wird, um so größer muß der Zusammenhalt und die Vertrautheit einer Gruppe sein. Ansonsten hat der Träumer sehr bald das Gefühl, daß sein sehr sensitives Material dem Auge eines kalten und unbeteiligten Beobachters ausgesetzt ist. In einem solchen Fall entwickeln sich sehr leicht starke Schamgefühle. Träume können in einer Gruppe wesentlich tiefgründiger bearbeitet werden, in der zwischen den einzelnen Gruppenmitgliedern ein starkes Vertrauensverhältnis besteht, als in einer Gruppe, die einfach bunt zusammengewürfelt ist.

8 Unter Wasser (*Ein Traum*)

In der nächsten Sitzung nach unserer Arbeit an Maggies Traum besprach ich die Albedo aus der Alchemie, weil ihr Traum einige Bilder aus der Albedo-Atmosphäre enthielt. Ein Bild, das von den Alchemisten oftmals im Zusammenhang mit der Albedo verwendet wird, ist Salz. Aus Tränen und Schweiß wird Salz abgesondert, es wird mit Nostalgie und Bitterkeit in Verbindung gebracht. Alchemisten verwendeten es als eine Art Fixierung, um Prozesse zu konservieren. Sie glaubten, daß die Ozeane ohne Bittersalz austrocknen würden. Salz, so glaubte man, bindet Feuchtigkeit. Ohne Salz verdampft alles. Es wirkt der Verflüchtigung entgegen. Besonders Enttäuschung ist eine Salzmine. Die Fotografie ist eine Art Konservierung von Bildern, um sie vor dem Vergessen zu bewahren. Die Erinnerung wird auf einen Film aus Silber, einer lichtempfindlichen Emulsion fixiert, die Eindrücke in der *camera obscura*, der Dunkelkammer, speichert. Dies ruft Bilder des reflektierenden Mondes in der Nacht und des Silberspiegels hervor. Maggie hatte zwei Kameras. Die Duplizität sowie die Zweideutigkeit der Eindrücke steht in einem Bezug zur Albedo und zu Merkur.

Das Treffen, in dem Georg seinen Traum erzählt, findet im Anschluß an die Sitzung statt, in der wir über die Alchemie sprachen. Georg teilt uns gleich zu Anfang der Gruppensitzung mit, daß er einen Traum hatte, an dem er arbeiten möchte. Er sagt, daß ihm in der vergangenen Woche ein Traumbild im Kopf herumging, auf das er sich keinen Reim machen kann und das ständig wiederkehrt. Er scheint verspannt zu sein. Seine Stimme klingt aufgeregt, und es hat den Anschein, als würde ohne sein Zutun bereits etwas aus ihm herausdrängen. Hier will etwas ausgesprochen werden. Etwas möchte sich ausdrücken. Auch Michael hat einen Traum, aber die Spannung, die man in seiner Stimme und seinen Bewegungen erkennt, ist auffallend schwächer. Irgend etwas scheint mit Georg zu passieren. Er ist Wissenschaftler, hat einen sensiblen Mund und kurzen Bart, und gewöhnlich ist er ein ruhiger Mensch. Seine Augen scheinen an das Mikroskop und seine Finger an die Tastatur seines Computers gewöhnt zu sein. Nun haben seine Augen einen romantischen Ausdruck. Ich fordere ihn auf, seinen Traum von innen heraus zu erzählen – eine überflüssige Bemerkung, da er völlig von dem Bild gefangen zu sein scheint. Seine Stimme zittert jetzt merklich. Ich weiß nicht, ob dies etwas mit dem Traum zu tun hat oder ob er sich vor sich selbst oder der Gruppe schämt.

Als erstes lasse ich die Teilnehmer nachspüren, was in ihnen vorgeht. Eine Teilnehmerin macht folgende Bemerkung:

»Ich fühle, daß mein Kopf brummt. Meine Knie sind ganz wackelig. Meine Füße schmerzen, so als ob ich zu lange gestanden hätte. Gleichzeitig habe ich das Gefühl, daß ich aufspringen möchte. So als ob ich an einer Grenze wäre.« Nachdem Georg seinen Traum erzählt hat, stellt sie fest, daß nun ihr Ohrläppchen schmerzt und sie hat das Gefühl, als ob irgend etwas in ihrem Rücken geschehen wäre.

Ich weiß nicht, was diese Empfindungen bedeuten. Ich kann mir nun etwas zurechtlegen, aber das Wichtigste hier ist ein Gefühl für genaue Selbstbeobachtung, die ein Bewußtsein hervorruft, das nicht einfach dem rationalen Verstand entspringt.

Dann erzählt Georg seinen Traum:

Ich sehe eine Schale mit Wasser, die aus rostfreiem Stahl ist. Darin sitzt ein Kaninchen. Sein Kopf befindet sich über Wasser, und als ich es näher betrachte, taucht sein Kopf unter. Ich beginne, mich um das Kaninchen und seine Gesundheit zu sorgen. Aber als ich hinsehe, erkenne ich, daß dies sein natürlicher Lebensraum ist. Das ist der Traum.

Ich schaue mich um und sehe, daß Francis, der Filmschauspieler, lacht. Offensichtlich findet er den Traum sehr komisch. Alle anderen bleiben still, und ich betrachte Francis lange, bis er in Gelächter ausbricht und es aus ihm herausplatzt, daß er die ganze Zeit an einen Zauberer denken mußte, der ein nasses Kaninchen aus seinem Hut zieht. Er mimt die Bestürzung des Zauberers, als er dieses tropfnasse Kaninchen aus seinem Hut kommen sieht. Alle lachen. Die Spannung löst sich. Einige der anderen hatten ein ähnliches Gefühl.

Auch Georg lacht und weist darauf hin, daß das Kaninchen in dem Traum sonderbarerweise gar nicht naß ist. Wenn er es aus dem Wasser herausholen könnte, wäre es in seiner Vorstellung trocken. In der Tat war der Kopf des Kaninchens ziemlich flauschig. Auch unter Wasser sah es recht flauschig aus. Ich deute darauf hin, daß wir es hier offensichtlich mit einem außergewöhnlichen Kaninchen, einem echten Traumkaninchen zu tun haben. »Ja«, sagt Georg. »Das ist der Grund, warum mich das Bild so sehr beschäftigt hat. Das Kaninchen fühlt sich ganz wohl unter Wasser. So, als ob es eine Amphibie wäre und nicht naß werden würde.«

An dieser Stelle gehe ich kurz auf den Trugschluß des Naturalismus ein. Dieser setzt voraus, daß die Traumwelt und die natürliche Welt der wachen Existenz identisch sind oder es sein sollten. Zum Beispiel: Ein Kaninchen gehört aufs Festland, deshalb ist an einem Kaninchen unter Wasser etwas faul. Oder wenn wir in einem Traum einen hinkenden Hund mit eiternden Wunden vorbeiwanken sehen, haben wir sofort den Eindruck, daß etwas nicht stimmt und zwar in dem Sinne, daß etwas verbessert werden muß.

Das Traumbild selbst weist jedoch darauf hin, daß das Hinken des Hundes einen Zustand des Zerfalls erreicht hat. In gleicher Weise handelt es sich bei einem Vogel, der ohne Flügel fliegt, nicht unbedingt um einen Vogel, dessen Flügel abgeschnitten worden sind. Vielleicht ist er schon immer ohne Flügel geflogen und dies ist ganz einfach die besondere Eigenschaft dieses Vogels. Kurz, ein Traumbild darf nicht auf das Prokrustesbett unseres naturalistischen Bewußtseins gelegt werden. In der nichtphysischen Realität der Traumwelt hat jedes Ungeheuer seine eigene Gestalt. Und genau das ist es, was Georg so erstaunt – das Kaninchen ist dort völlig zu Hause. Ein Unterwasserkaninchen.

Während ich dies erzähle, nehme ich einen Unterton von Panik in meiner Stimme wahr. Ich habe keine Ahnung, was ich mit diesem Traum anfangen soll. Nun, dies ist mein normales Gefühl. Im allgemeinen habe ich keine Vorstellung, wie man mit der Arbeit an einem Traum beginnen soll. In solchen Augenblicken fällt mir absolut nichts ein. Dann kommt ein schmerzliches Minderwertigkeitsgefühl in Anbetracht des Traums in mir auf, und auf diese Weise beginnt mein rationales Bewußtsein seine Grenzen zu spüren und meine anderen Fähigkeiten bekommen ihre Chance. Daher ist es völlig normal, sich zu Beginn der Arbeit an einem Traum schlecht zu fühlen. Auch andere Analytiker erleben dieses Gefühl, wie ich bereits an anderer Stelle erwähnt habe.* Minderwertigkeitsgefühle sind eng verbunden mit der Arbeit an Träumen. Aber bei diesem Traum habe ich eine starke Dosis davon bekommen, noch verstärkt von einem Gefühl der Angst, das mich von dem Traum abzulenken scheint. »Ich habe keine Ahnung, was ich mit diesem Traum anfangen soll«, sage ich. »Es ist rostfreier Stahl für mich.«

Mein letzter Satz ist ein Versuch, meinen Widerstand in der Sprache des Traums auszudrücken, so daß ich mir bewußtmachen kann, daß der Widerstand mit dem Traum

* siehe »The Dirty Needle: Images of the Inferior Analyst«, in: *Spring*, Dallas: Spring Publications 1984, S. 105.

zusammenhängt und auf diese Weise der Prozeß des »Metaphernfindens« in Gang gesetzt werden kann. Aus Worten Sprachfiguren bilden. Es ist von wesentlicher Bedeutung für die Traumarbeit zu lernen, metaphorische Formen in Wortbildern zu erkennen.

Jenny fragt Georg, ob er die Schale berühren kann. Gleichzeitig macht sie eine Geste mit ihrer Hand, so als ob sie etwas wegstoßen würde. Ich bitte sie, die Geste zu wiederholen. Es sieht so aus, als ob sie etwas von sich wegschieben würde. Ich weise sie darauf hin, daß es wichtig ist, solche abwehrenden Gesten zu erkennen, so daß man spüren kann, wie sich der Widerstand gegen den Traum anfühlt. Offensichtlich empfinden auch andere denselben Widerstand gegenüber dem Traum wie ich. Jenny bringt ihren Widerstand durch eine unbewußte Geste zum Ausdruck. Ich sage, daß auch ich ein Gefühl der Verteidigung habe und es für hoffnungslos halte, an diesem Traum zu arbeiten. Ich füge hinzu, daß es wichtig ist, dieses Gefühl nicht *wörtlich* zu nehmen, weil man dann die ganze Arbeit an dem Traum auf einmal aufgeben würde. Es ist eine Atmosphäre, die zu dem Traum zu gehören scheint.

»Was würde geschehen, wenn Du das Kaninchen aus dem Wasser ziehen würdest?« fragt jemand. Georg denkt einen Augenblick lang nach. »Ich glaube, das Bild würde sich verändern«, sagt er. »Ich glaube, es würde dann zu etwas ähnlichem wie einer Seeanemone.« Die Leute setzen sich kerzengerade auf. Stühle werden hin- und hergerückt. Die Aufmerksamkeit nimmt zu. Anscheinend fällt es uns leichter, uns auf eine Phantasie zu konzentrieren, die von dem Traum wegführt, als uns mit dem tatsächlichen Traumbild zu beschäftigen. Drei verschiedene Leute wollen mehr über die Seeanemone wissen, und Georg ist bereit, ihnen mehr darüber zu erzählen. Ich unterbreche ihn mit der Bemerkung, daß es uns sehr angenehm wäre, uns von dem Bild des Unterwasserkaninchens in seiner Schale aus rostfreiem Stahl abzuwenden, aber daß es mir zunächst wichtig erscheint, uns mit dem Bild an sich zu beschäftigen, bevor wir uns in assoziativen Bilderketten verlieren.

Das Bedürfnis, uns dem nächsten Bild zuzuwenden, scheint mir ein weiteres Anzeichen dafür, daß dieser Traum mit mächtigen Widerständen verbunden ist.

Nun beginnen wir, darüber zu diskutieren, wie wir in das Bild einsteigen sollen. Fangen wir mit dem Kaninchen, der Schale oder dem Wasser an? Bilden wir Assoziationen oder führen wir das Bild weiter aus? Es entsteht eine heiße Diskussion zwischen denjenigen, die dafür sind, mit dem Bild des rostfreien Stahls zu beginnen, und anderen, die sofort mit dem Kaninchen anfangen wollen. Ich halte mich aus der Diskussion heraus und stelle fest, daß die Atmosphäre sehr kopflastig ist. Ich spreche dies jedoch nicht aus, um die lebhafte Diskussion nicht zu stören. »Wartet mal einen Moment«, sagt Georg. »Es ist so, als ob sich die Schale jetzt leeren würde. Das Wasser läuft aus der Schale heraus und das Kaninchen wird sehr unruhig.« Ich nehme dies als einen Hinweis, daß wir aus dieser trockenen, kopflastigen Atmosphäre herauskommen sollen. Aber wie? Georg streckt seine Hand aus. »Was will Deine Hand?« frage ich ihn. Er schaut überrascht auf seine Hand. Er hat gar nicht bemerkt, daß er eine Bewegung mit seiner Hand gemacht hat. »Streicheln«, erwidert er. »Ich möchte das Kaninchen streicheln. Es ist verängstigt.« Nun weiß ich, was geschehen muß. Der Handlungsablauf ist ausgearbeitet. Wir müssen uns langsam dem Augenblick nähern, wo er mit dem Kaninchen in Kontakt kommt. Nun können wir beginnen.

Eine Frau macht eine verspätete Bemerkung, die sie loswerden muß. Der Traum erinnert sie stark an *Alice im Wunderland*. Er ruft das Gefühl eines magischen Ereignisses in ihr wach.

»Als erstes wollen wir uns einmal die Umgebung der Schale anschauen. Ist die Schale drinnen oder draußen, steht sie in einem Zimmer oder im Freien?«

Ich beginne mit der Schärfung der Wahrnehmung, damit wir uns wieder dem Bild zuwenden können, ohne zu viele Widerstände hervorzurufen.

»In einem Zimmer«, antwortet Georg bestimmt. Also ist er wirklich wieder in dem Traumbild und spricht aus der direkten Beobachtung heraus.

»Kannst Du den Boden sehen? Ist dort ein Fußboden?«

»Ich sehe einen Sonnenstrahl, der auf die Schale fällt. Ich kann den Boden nicht sehr gut erkennen. Vielleicht ist er aus Holz.«

»Kannst Du sehen, ob es Holz ist«, hake ich nach, »oder glaubst Du, daß es ein Holzboden ist?«

»Ich nehme es an.«

»Bitte, rate nicht!« Es ist eine Sache der geschärften, direkten Beobachtung. Raten verschleiert nur das tatsächliche Bild. »Wo stehst Du – oder sitzt Du oder liegst Du?«

»Ich stehe ungefähr einen Meter von der Schale entfernt und schaue von oben auf die Schale herunter.«

»Und die Schale. Kannst Du sie beschreiben?«

»Sie hat einen Durchmesser von ungefähr 75 cm, ist 50 cm tief und fast bis zum Rand mit Wasser gefüllt. Sie hat einen flachen Boden und ist leicht gewölbt. Sie sieht einer Badewanne ähnlich. Oben hat sie einen Rand. Das Metall ist silbern. Ich nenne es rostfreien Stahl, aber ich bin mir nicht sicher. Es könnte auch etwas anderes sein. Es ist silbern, blaugefärbtes Metall, das nicht auf Glanz poliert worden ist. Es hat eine grobe, rauhe Metalloberfläche, aber man kann sich darin spiegeln.«

Ich bin erstaunt über die Genauigkeit und die Intensität seiner Beobachtung. Seine wissenschaftliche Beobachtungsgabe ist eindeutig geschult.

»Was empfindest Du bei der Schale?«

»Sie fühlt sich fast ein wenig kalt an«, antwortet er nach einer kurzen Pause.

Ich sehe, wie sich Jenny vorbeugt. Sie sagt: »Es fühlt sich so an, als ob ich sie mit meinen Händen aufwärmen könnte«, und sie formt mit ihren Händen eine Schale. Georg lächelt zustimmend, während seine Augen immer noch geschlossen sind.

»Es erinnert mich an den Mond, der sich im Wasser eines Sees spiegelt«, meint er. Ein See, wie der in Südamerika, wo er in Urlaub beim Unterwasserschnorcheln war.

Wenn man an dieser Stelle weiter in Assoziationen abschweifen möchte, wird man auf Fragen zu bestimmten Erinnerungen und Assoziationen stoßen, die mit dieser persönlichen Erinnerung verbunden sind. Auf diese Weise kann man in die persönlichsten Erinnerungen und Bilder eindringen, die im Zusammenhang mit diesem Urlaub stehen, und von dort aus weiter assoziieren, was zu vergleichbaren Stimmungen während anderer Lebensphasen führt. Dann sollte man jedoch zu dem Traumbild zurückkehren, bevor man sich in einem Morast verliert, der nichts mehr mit dem Traum zu tun hat.

»Kommen wir nun auf die Schale zurück«, schlage ich vor. Er nickt. »Um zu beginnen, es sieht aus wie etwas Klinisches, etwas, das mit einem Krankenhaus verbunden ist.«

»Ein Krankenhaus, ein Haus voller Krankheit«, denke ich für mich. Eine Schale voller Krankheit. Eine kranke Schale.

»Aber es könnte ziemlich mühelos eine andere Form einnehmen. Dann wird es zu einem Silberbecher.« Ich bemerke, daß die Aufmerksamkeit der Teilnehmer durch das wunderbare Silber des Bechers erneut erwacht ist. Welch ein religiöses Bild! Offensichtlich hat jeder das Gefühl, daß der Becher wunderschön ist. Der Silberbecher erinnert auch an den Silberkelch, der beim Heiligen Abendmahl verwendet wird. Mir erscheint er ein wenig zu schön. Auf diese Weise könnte man ihn leicht allzusehr verherrlichen.

»Findet nun wirklich eine Verwandlung in einen Silberkelch statt oder erwartest Du nur, daß so etwas passiert?«

»Ich glaube, die Schale würde sich in einen Silberbecher verwandeln, sobald man sie berührt.«

»Dann berühre die Schale«, sage ich so locker wie möglich, um nicht wieder die Widerstände gegenüber der Schale zu wecken. »Verändert sich die Schale?«

»Sie verändert sich ein wenig. Aber nicht so sehr, wie ich erwartet hatte.«

Nun ist er dort, wo er sein sollte. Genau wie Jenny hält er die Schale nun in den Händen.

»Hältst Du die Schale in Deinen Händen?« frage ich, um das Bild ein wenig zu festigen.

Er nickt, wobei er das Bild von sich selbst mit der Schale in den Händen aufmerksam beobachtet.

»Wie fühlst Du Dich dabei?«

»Schwer und lebendig zugleich«, antwortet er, ohne zu zögern.

»Woher kommt die Lebendigkeit?« frage ich. »Von der Schale, dem Wasser, dem Kaninchen oder dem ganzen Bild auf einmal?«

»Nein«, sagt er bestimmt, »es ist wegen der Verbindung, die ich nun zu dem Bild habe«.

Nun spürt er die Verbindung zwischen sich und dem Bild so deutlich, daß es meiner Meinung nach Zeit ist, ein wenig abzuschweifen.

»Was ist das für ein Gefühl?« frage ich. »Du mußt es nicht sagen«, füge ich vorsichtig hinzu. »Aber ist gerade eine bestimmte Erinnerung in Dir aufgetaucht?«

Er nickt in einer Art Trance. »Das Bild verändert sich jetzt ziemlich stark.«

»Ist es eine emotionsgeladene Erinnerung?« frage ich.

Er nickt heftig.

Zu den anderen Teilnehmern gewandt erkläre ich, daß wir an dieser Stelle die emotionsgeladene Erinnerung von Georg mit all den Assoziationen, die darauf folgen, erforschen würden, wenn wir uns in einer analytischen, therapeutischen Situation befänden.

Ich bitte Georg, sich auf die emotionale Atmosphäre der Erinnerung zu konzentrieren, die sich uns, den Zuhörern, entzieht. Ich lasse ihm eine Minute Zeit. Dann sage ich:

»Kehre jetzt wieder zu der Schale zurück. Wie sieht sie jetzt aus?«

»Das Wasser ist heller, es glitzert, als ob es lebendig wäre. Es fühlt sich sehr gut an.«

»Kannst Du ins Wasser fassen und die Temperatur spüren?«

»Es fühlt sich fast wie Körpertemperatur an.« Seine Stimme klingt fragend, so als ob er eine Erklärung von mir erwartet.

»Fühlt es sich wie Leitungswasser oder wie Meerwasser an? Was spürst Du?«

»Es hat eine hohe Oberflächenspannung«, antwortet er überrascht. Je mehr sich der Beobachter in einem überraschten Zustand befindet, um so deutlicher wird der Unterschied zwischen seinen subjektiven Erwartungen und der Realität des Bildes, in dem er sich befindet. Das Bild besitzt nun ein großes Maß an autonomer Wirklichkeit.

»Ich kann ins Wasser fassen, aber – ...«

»Warte einen Augenblick«, rufe ich. »Kannst Du in dem Augenblick verweilen, wo Deine Hand ins Wasser faßt?« Er nickt. »Ich muß mich anstrengen. Die Wasseroberfläche scheint elektrisch geladen zu sein. Anscheinend muß ich Druck auf mein Herz ausüben, um durch die Oberflächenspannung hindurchzukommen.«

Der Widerstand hat eine hohe Oberflächenspannung, die schwer zu durchdringen ist, in das Bild gebracht.

»Was passiert, wenn Du Druck auf Dein Herz ausübst?«

»Es entsteht Wärme. Das Wasser wird warm.«

»Könntest Du Dich einen Augenblick auf Dein Herz konzentrieren?« Er macht dies ein paar Sekunden lang. »Mein

Herz ist voll tiefer Sehnsucht«, sagt er. Dabei klingt seine Stimme ganz normal, absolut nicht melodramatisch oder hochgestochen.

»Ich habe große Sehnsucht, im Wasser zu sein.«

»Ist Dir eine so große Sehnsucht vertraut?« frage ich beiläufig.

»Ja, eine Erinnerung steigt in mir auf.«

»Kannst Du Dich einen Augenblick lang von der emotionalen Atmosphäre dieses Erinnerungsbildes durchdringen lassen?« Ich lasse ihm wieder eine Minute Zeit.

Seine Schultern fallen etwas nach vorne, während er sich auf die Stimmung des Bildes konzentriert. Dann fängt er wieder an zu sprechen.

»Nun ist es so, als ob es schmerzt. Alles fühlt sich – das ganze Bild wird viel schwerer.« Offensichtlich ist das Bild viel schwerer geworden. Ich schaue mich um. Die Konzentration im Raum ist nun ausgesprochen stark.

»Befindet sich Deine Hand immer noch im Wasser?«

»Ja... oder nein. Ich hatte meine Hand im Wasser, bis Du mich darauf aufmerksam gemacht hast. Dann schien sie von selbst aus dem Wasser zu kommen.«

Ein tiefer Seufzer und Gelächter gehen durch den Raum. Die Spannung hat sich gelöst.

»Sobald Du daran denkst, kommst Du aus dem Wasser heraus«, denke ich laut. »Es ist wie in dem Augenblick, wo sich die Schale leerte, als wir so rational darüber sprachen. Aber nun möchte ich eine Frage an jeden einzelnen von Euch richten: Konntet Ihr die Veränderung in bezug auf die Tiefe spüren, als seine Hand aus dem Wasser kam?«

Zwei Drittel der Zuhörer nicken begeistert. Keiner verneint meine Frage.

»Traumarbeit«, erkläre ich, »erinnert mich immer an Tiefseetauchen, wo man die Druckunterschiede in verschiedenen Tiefen deutlich spüren kann. Während man an Träumen arbeitet, kann man die Veränderungen der Tiefe anhand von *Unterschieden des Drucks* wahrnehmen. Atmosphärischer Druck.«

»Jetzt, wo meine Hand nicht mehr im Wasser ist, ist es viel kühler.« Ich denke einen Augenblick nach und entscheide mich dann, diesem Abkühlen nicht weiter nachzugehen. Ich wiederhole nur: »Kühler, wenn Du nicht mehr im Wasser bist. Solange Du nicht darüber nachdenkst, bleibst Du drinnen und warm«, bemerke ich.

In diesem Augenblick sind viele Sprünge möglich (zum Beispiel: »Kennst Du solche Momente des Abkühlens?«) Aber ich möchte zu dem Kaninchen kommen. Meine Neugierde auf das Kaninchen nimmt merklich zu. Es ist so, als ob mich das Kaninchen zu sich hinziehen würde.

Ich lasse mir einen Augenblick Zeit, um diese Anziehung auf mich wirken zu lassen.

»Glaubst Du, wir könnten zu dem Bild zurückkehren?« frage ich Georg vorsichtig. Er nickt. Sobald wir uns wieder auf die Schale konzentrieren, spüre ich, wieviel Tiefe wir verloren haben, seit Georgs Hand aus dem Wasser herauskam. Meine Aufmerksamkeit ist schnell abgelenkt, und mir fällt nichts ein. Deshalb beschließe ich, noch einmal von vorne zu beginnen. Dieser langsame Prozeß der Wiederholung zielt darauf ab, die Realität der Bilder zu verstärken.

»Wie sieht die Schale jetzt aus?«

»Sie ist jetzt weißer. So ähnlich wie Porzellan. Ja, es ist jetzt eine weiße Porzellanschüssel auf einem Sockel.«

»Oh«, sage ich, »die Schale ist nun erhöht; sie steht auf einem Podest, erhöht?«

Wenn man gelegentlich ein derartiges Wortspiel in Form einer Frage einwirft, eine Art freie Interpretation, wird die metaphorische Eigenschaft des Bildes in den Vordergrund gerückt. Dadurch wird eine ausführlichere Deutung überflüssig. Die Schale wird mit größerem Respekt betrachtet, dies geht bereits aus dem Symbol der Sprache hervor: »erhöht; auf einem Podest«.

»Wo stehst Du?«

»Ich stehe vor der Schale. Sie steht ungefähr in Brusthöhe.«

»Auf der Höhe Deines Herzens?«

Er nickt.

Im Geist mache ich mir eine Notiz, daß die Schale eine Albedo-Phase durchgemacht hat, eine Weißung. Nun ist sie aus weißem Porzellan. Auf diese Weise hat das Reflektieren bereits seinen Einfluß auf das Bild ausgeübt.

»Ist etwas in der Schale?«

»Ja, das Kaninchen ist immer noch da. Es bewegt sich im Wasser.«

»Wie sieht es aus?«

»Es ist weiß und bräunlich-grau. Es hat lange Ohren. Eine zuckende Kaninchennase. Es hüpft im Wasser herum. Mit kleinen Kaninchenhopsern.«

»Welche Qualität hat das Wasser?«

»In dem Augenblick, wo Du gefragt hast, wurde es ein bißchen dunkler, dann wieder heller… Ähnlich wie Leitungswasser, aber etwas blauer.«

Nun spüre ich dieselbe Tiefe wie zuvor. Aber hin und wieder schweift die Aufmerksamkeit plötzlich ab. Ich bin mir der Straßengeräusche immer noch ein wenig bewußter als vor der Unterbrechung der Tiefe. Davor hatte ich die Sirenen der Polizeiautos und Krankenwagen überhaupt nicht gehört. Also ist die Tiefe immer noch nicht stabil. Ich möchte sie erst wieder festigen, indem ich ihn dem Kaninchen noch näherbringe.

»Kannst Du etwas näher an das Kaninchen herangehen?«

»Ja, ich nähere mich ihm jetzt.«

»Was geschieht?«

»Es verändert sich. Ich kann die ganze Wasseroberfläche sehen. Aber jetzt bin ich mehr im Kopf, kopflastiger.«

Das war es, was ich befürchtet hatte. An diesem Punkt sind wir auf die Widerstände gestoßen, die uns sehr leicht aus der Tiefe und Tiefgründigkeit herausholen könnten.

»Ja«, sage ich, »ich fühle das auch. Was passiert in diesem Augenblick mit Deinem Herz?« Stille.

»Ich spüre diese Sehnsucht. Aber nur sehr verschwommen.«

»Geh etwas tiefer in diese Sehnsucht hinein. Laß sie wachsen.«

Stille. Seine Finger machen unbewußt eine Greifbewegung.

»Wollen Deine Hände die Schale immer noch anfassen?«

»Sie wollen nur die Wasseroberfläche berühren. Ich spüre einen starken Widerstand, ins Wasser zu gehen.«

Nun kann er den Widerstand spüren. Das bedeutet, daß er sich nicht mehr mit dem Widerstand identifiziert oder zumindest weniger damit identifiziert ist als vorher. Solange man sich mit etwas identifiziert, ist es, als ob alles von dieser Atmosphäre durchdrungen würde. Es ist so durchdringend, daß man es nicht einmal mehr deutlich wahrnimmt.

Die Qualität der Tiefe wird nun wieder stabiler.

»Wie fühlt sich der Widerstand an?«

»Mein Herz ist sehr schwer.«

Dann sage ich energisch: »Was passiert mit dem Kaninchen, wenn Du Deine Hand ins Wasser tauchst?«

»Das Kaninchen ist erschrocken. Es wird größer. Dann schrumpft es wieder auf seine normale Größe zusammen.«

Merkwürdig, ich glaube, daß das Kaninchen größer wird, wenn es Angst hat. Könnte das etwas mit dem Herz zu tun haben?

»Wie fühlt sich Dein Herz an?« frage ich laut.

»Mein Herz schlägt sehr schnell.«

Ich bin ängstlich, weil ich spüre, daß etwas geschehen wird, und frage: »Bist Du ängstlich?«

Er nickt heftig. »Und wie!« antwortet er.

»Ist Deine Hand nun nahe bei dem Kaninchen?«

»Ja, ich berühre es.«

»Wie fühlst Du Dich?«

»Mein Herz schlägt jetzt noch schneller. Ich fürchte mich und bin voller Erwartung…«

»Was tut das Kaninchen jetzt?«

»Es legt seine Ohren an. Es ist so, als ob es mir die Erlaubnis geben würde, seinen Kopf zu streicheln.«

»Und tust Du es?«

»Es ist so, als müßte ich meinen Arm wirklich weit ausstrecken.«

»Ist das Kaninchen fast außer Reichweite?«

»Ja, ich muß mich wirklich sehr anstrengen, um es anfassen zu können.«

Anscheinend wird hier etwas geboren, glaube ich, und ich fühle den zunehmenden Druck auf meinem Herzen.

»Mußt Du Deinem Herzen einen Stoß geben?«

»Ja, genau. Das ist es. Ich muß Druck auf mein Herz ausüben. Ich muß all meine Kraft aufwenden. Dann kann ich es gerade soeben mit meinen Fingerspitzen berühren.«

»Wie fühlt es sich an?«

»Weich und flauschig.«

»Was passiert mit dem Kaninchen?«

»Es scheint sich zu entspannen.«

»Wie fühlt sich Dein Herz an?«

»Ein bißchen ruhiger. Es beginnt sich zu entspannen. Ein freieres Gefühl. Das Kaninchen ist nun wie ein Haustier. Ich kann die Knochen in seinem Kopf spüren. Und seine Ohren. Es ist fast ein Hund. So als ob es mein Haustier wäre.«

Dann fügt er verträumt hinzu: »So als ob ich dieses Kaninchen einmal gekannt hätte…«

»Was ist das für ein Gefühl, das Kaninchen einmal gekannt zu haben?«

»Es erinnert mich an meine früheste Kindheit.«

An dieser Stelle würden wir in einer anderen therapeutischen Situation die Bilder seiner frühesten Kindheit genauer untersuchen, die nun an die Oberfläche dringen. Diese Bilder scheinen in engem Zusammenhang mit dem Kaninchen zu stehen. Das kindliche Herz.

Wir lassen ihn einen Augenblick lang über die Bilder aus seiner frühen Kindheit nachdenken.

»Welche emotionale Atmosphäre umgibt Deine Kindheitserinnerungen?«

»Freude und Angst zugleich.«

»Lasse diese Gefühle zu.«

Ich schaue um mich. Die Zeit auf meinem Wecker ist fast
abgelaufen. Alle sitzen mit geschlossenen Augen und lassen Kindheitserinnerungen von ihren geliebten Kaninchen
oder anderen Haustieren in sich aufsteigen.

Es ist Zeit. Der Abend ist vorbei, und ich bin müde. Wir
verbringen nur noch ein paar Minuten mit den Kindheitserinnerungen und kehren dann wieder in den Raum zurück,
in dem wir als Gruppe sitzen.

»Nun müssen wir das Kaninchen allmählich verlassen«,
sage ich fast flüsternd.

»Wie fühlt es sich an, das Kaninchen zu verlassen?«

»Wenn ich meine Hand von dem Kaninchen nehme, ist es,
als ob ich einige tiefe Teile meiner selbst loslasse. Etwas,
das tief in meinem Inneren verborgen ist.«

»Wie sieht das Wasser aus?«

»Nun sieht es wie ein Spiegel aus.«

»Betrachte den Spiegel weiter.«

In diesem Albedo-Prozeß – dieser Weißung, diesem Reflektieren – hat sich offensichtlich eine Fähigkeit zur Reflexion entwickelt, die mit lebendigen Gefühlen verbunden
ist, die in dem Zauber der frühesten Kindheit wurzeln. Ein
in uns verborgener Kontakt mit dem Herz der Kindheit.

»Nun kehren wir zurück in den Raum«, sage ich bedau-
ernd.

Im Raum herrscht Totenstille.

Langsam öffnen die Teilnehmer ihre Augen.

»Ich danke Euch«, sage ich, während ich den Wecker, der auf einem kleinen Tisch neben mir gestanden hatte, in meiner Aktentasche verstaue.

»Das war magisch«, sagt eine Frau zu Georg.

Er blickt sie an, als ob er zwischen zwei Welten schweben würde.

Ich gehe hinüber zu ihm und schüttle seine Hand. Unser Händedruck ist warm.

9 Bewegungen durch den Raum

Aus der Arbeit an Georgs Traum geht klar hervor, daß Bewegungen innerhalb des Traumbildes von großer Bedeutung sind, besonders die Bewegungen des Bewußtseins zu den Traumfiguren und von ihnen weg. Eine besondere emotionale Distanz zwischen dem Normalbewußtsein und der Traumfigur scheint als körperliche Distanz zwischen den beiden dargestellt zu werden, eine Distanz in Form von Metern und Zentimetern. Es ist eine Entfernung, die manchmal überbrückt werden muß, um mit der Traumfigur in Berührung zu kommen.

Hierzu zwei Beispiele.

Marianne ist eine kleine, schüchterne Frau, die jahrelang mit dem »Peace Corps« in Asien tätig war und erst vor kurzem zurückgekehrt ist. Sie träumt:

Eine kleine graue Maus springt aus meiner grauen Ledertasche. Sie springt auf den Boden und läuft durchs Zimmer. Von irgendwoher kommt eine Katze angelaufen. Hinten im Zimmer fängt die Katze die Maus und frißt sie. Ich fühle mich erleichtert.

Sie erzählt der Gruppe den Traum mit einer kurzen Entschuldigung. Es ist nur ein winzig kleiner, nichtssagender Traum. Sie weiß nicht einmal, ob wir etwas damit anfangen können. Sie ist der ehrlichen Überzeugung, daß der Traum nur wenig Bedeutung hat. Es fällt fast allen Gruppenmitgliedern auf, daß sie den Traum praktisch emotionslos erzählt. Um herauszufinden, ob sie vielleicht Angst vor Mäusen hat, was das Gefühl der Erleichterung verursachen würde, als die Katze die Maus gefressen hat, frage ich sie, was sie fühlte, als die Maus aus ihrer Tasche kam. Sie antwortet, daß sie die Maus sehr niedlich und allerliebst fand. Sie hätte sie gerne gestreichelt, aber die Maus sprang weg. An diesem Punkt wird deutlich, daß das Bewußtsein sehr sonderbar auf den Tod der entzückenden kleinen Maus reagiert: Ihrem eigenen Bericht zufolge war sie erleichtert und scheinbar unberührt. An sich bedeutet dies nicht, daß irgend etwas Ungewöhnliches vorgeht, aber ihre Gleichgültigkeit sollte sicherlich weiter erforscht werden. Unsere Arbeit beginnt wieder mit einem Bild, bei dem ich wenig Widerstand wahrnehme, nämlich dem Bild von der Tasche und der kleinen Maus. Ich versuche, leichtfertige Interpretationen sexueller und pornographischer Natur zu vermeiden. Sie selbst sagt, daß ihr das Bild etwas »Freudianisch« erscheint. So etwas wie phallische Mäuse in Vaginaltaschen. Wir kichern alle ein bißchen, woraus ersichtlich wird, daß die Sexualität angesprochen ist. Nichts ist ein besserer Hinweis auf Sex als das Kichern von Erwachsenen. Trotzdem möchte ich mich der Ermordung der Maus, der niedlichen, entzückenden, kleinen grauen Maus zuwenden. An dieser Stelle spüre ich die stärkste Unterdrückung von Emotion, die dichteste Zusammenballung von Vitalkraft. Um die Erinnerung an das Bild zu schärfen, bitte ich Marianne, die Umgebung zu beschreiben, in der sie sich befindet, als die Maus aus der Tasche springt und im Zimmer herumzulaufen beginnt.

»Ich stehe in der Ecke eines Zimmers. Es ähnelt ein wenig diesem Raum« (der Raum, in dem ich dieses Traumseminar abhalte). Als sie den Raum detailliert beschreibt, scheint er schließlich doch etwas anders zu sein. Ein wenig tiefer. Dort, wo die Katze die Maus fing, war es ziemlich dunkel. Ich bitte sie, sich auf diese dunkle Szene von der Katze, die sich auf die Maus stürzt, zu konzentrieren, während sie sich gleichzeitig ihres eigenen Standorts in dem Raum bewußt bleibt. Sie verspürt die gleiche Erleichterung wie in dem Traum. Tatsächlich zeigt sie nur wenig Emotion. »Ich sehe ganz einfach, wie die Katze die Maus frißt. Es berührt mich nicht besonders.«

Sie steht in dem Zimmer ungefähr dreieinhalb Meter von dem Ereignis entfernt. Ich bitte sie, einen Schritt vorzutreten. Nun sagt sie, daß sie etwas nervös wird. Ein wenig ängstlich. Beim nächsten Schritt nimmt die Angst zu. An dieser Stelle mache ich Halt, um abzuschätzen, wieviel mehr Druck ich ausüben kann. Der emotionale Druck nimmt hier exponentiell mit jedem Schritt zu, mit dem sie sich dem Traumereignis nähert. Es scheint mir, daß sie ziemlich stark ist und ein wenig mehr Druck aushalten kann. Ich bitte sie, noch einen Schritt zu machen. Sie steht nun direkt neben der Katze, die gerade die Maus frißt. Plötzlich beginnt Marianne hemmungslos zu schluchzen. Wir sind alle sehr still. Ich hoffe, daß ich diesmal nicht zu weit gegangen bin, besonders weil sie völlig unerwartet so emotional geworden ist. Dann beruhigt sie sich etwas. Schluchzend erzählt sie mir, daß sie einen beinahe tödlichen Unfall gehabt hatte, bei dem sie in ein Koma gefallen war und monatelang zwischen Leben und Tod schwebte. Seitdem hatte sie den Unfall gefühlsmäßig völlig verdrängt. Dies war das erste Mal, daß er mit voller Wucht wieder an die Oberfläche kam. An dieser Stelle möchte sie die Arbeit an diesem Traum beenden. Sie sagt, daß sie sogar in ihrer Therapie (sie macht eine Analyse) nicht über diesen Punkt hinausgegangen wäre. Ich gebe ihr recht. Einige Wunden müssen noch besser abheilen, bevor man darin herumstochert.

Im Gegensatz zu Marianne ist Maria sehr aufgebracht, als sie in der nächsten Gruppensitzung ihren Traum erzählt. Sie träumte ihn vor zwei Nächten und er setzte sie so unter Druck, daß sie das Traumseminar kaum erwarten konnte. Sie hat ein Theologiestudium abgeschlossen und möchte Priesterin werden. Sie träumt:

Ich gehe einen langen, dunklen Korridor entlang. Es ist wirklich pechschwarz. Es sieht aus wie eine Art sehr langer Tunnel. Vor mir sehe ich Licht, das unter einer riesigen Tür hindurchscheint. Als ich mich der Tür nähere, öffnet sie sich, und vor mir erscheint blendendes, weißes Licht. Es ist so überwältigend, daß ich aufwache.

Als wir zu dem Bild zurückkehren und sie noch einmal durch den stockfinsteren Korridor geht, sagt Maria, daß er sie an eine schreckliche Zeit erinnert, die sie gerade erst hinter sich hat. Sie ist froh, daß sie sich wieder auf das

Licht zubewegt. Als sie näher an die Tür kommt, beleuchtet das weiße Licht, das unter der Tür hindurchscheint, den Raum um sie herum. Aber trotzdem kann sie noch nichts erkennen. Dann fällt ihr ein, daß die Tür aus schwerem Holz besteht und keinerlei Verzierung aufweist. Als sie dicht vor der Tür steht, öffnet sie sich. Sie sagt: »Das Licht ist so furchtbar hell. In dem Licht sind keine Formen zu erkennen. Hinter der Tür ist nur das Licht. Sonst nichts. Eine Art Leben nach dem Tod. Es erschreckt mich und gleichzeitig zieht es mich an.«

Ich bitte sie, sich dem Licht langsam zu nähern. Als sie ungefähr einen Meter von der Tür entfernt ist, sagt sie: »Ich weiß sicher, daß mein Arm verschwinden wird, wenn ich ihn jetzt ausstrecke. Alles verschwindet in diesem weißen Licht.«

Maria beginnt jetzt, merklich schneller zu atmen. Als sie auf mein Drängen hin zur Türschwelle geht, beginnt sie in Panik zu hyperventilieren. Ihr Atem geht so schnell, daß sie ohnmächtig werden könnte. Ich bitte sie daher zunächst, langsam und tief zu atmen. Automatisch beginne ich, selbst tief zu atmen. Sie wird ein bißchen ruhiger. Dann frage ich sie, wie sich das weiße Licht anfühlt.

»Wenn ich noch einen Schritt weitergehe, werde ich verschwinden. Dann werde ich niemals mehr zurückkommen können. Es ist sehr warm, aber nicht furchtbar heiß.«

Ich bitte sie, die Wärme in ihrem Körper zu spüren.

»Es ist sonderbar. Vorne bin ich warm und hinten kalt. Die Dunkelheit ist kalt. Tatsächlich empfinde ich es jetzt als Erleichterung, daß ich vor diesem weißen Licht stehe.« Ich mache ihr den Vorschlag, daß sie die Stelle in ihrem Körper spüren soll, wo das warme Licht und die dunkle Kühle aufeinandertreffen.

»Eine Art Linie zieht sich durch meinen ganzen Körper. Der Länge nach durch die Mitte. Es scheint, als ob sie rot wäre. Je länger ich mich darauf konzentriere, um so mehr wird sie zu einer spiralförmigen, roten Linie. Sie ist lebendig. Sie ähnelt einer lebendigen, roten Ader zwischen Licht und Dunkelheit.« Je länger sie in dem Bild bleibt, um so heftiger atmet sie. »Dieses rote Wesen in der Mitte schlängelt sich. Ich habe große Angst. Ich möchte aufhören.«

Ich fordere sie auf, langsam aus dem weißen Licht heraus und zurück in die Dunkelheit zu gehen. »Geh langsam zurück«, sage ich. Als sie ein wenig zurücktritt, nimmt die Bedrohung ab. Sie beginnt zu weinen. Die Gruppe ist sehr still.

Nach einer Weile sagt Maria: »Das letzte, was ich gesehen habe, sah aus wie ein großer Topf mit kochender Flüssigkeit. Aber ich wollte weggehen. Ich hatte so große Angst. Noch nie in meinem Leben habe ich mich so sehr gefürchtet.«

Die Alchemisten sagen, daß sich die menschliche Seele *zwischen* dem formlosen Geist der Ewigkeit und der Dunkelheit der irdischen Natur erstreckt. Sie nennen die menschliche Seele die *anima media natura*, die Seele, die an beiden Welten teilhat und sich wie eine verschlungene Spirale zwischen der Unendlichkeit und der zeitgebundenen Existenz bewegt. Die Alchemisten waren Christen, deren Erlöser zwischen der vertikalen Ewigkeit und dem horizontalen, irdischen Menschsein gekreuzigt wurde. Im Mittelalter war das Bild von der Seele, die sich zwischen

zwei Welten in Schmerz windet, immer noch sehr lebendig. Die Sitzung endet an der brodelnden Quelle zerrisse-
ner Vitalität.

Ich gehe hinaus. Der Fluß Charles schlängelt sich ruhig
zwischen Boston und Cambridge dahin.

10 Amplifikation

Laut meinem holländischen Lexikon bedeutet das Wort *Amplifikation*: »1. wörtlich, Erweiterung; sinnbildlich, Betrachtung einer Sache unter verschiedenen Gesichtspunkten, weitere Ausführung oder Ausmalung; 2. Übertreibung«. Auf die Traumarbeit bezogen bezeichnet es als Fachbegriff das Verfahren, mit dem man versucht, das Bild von außen zu verstärken, indem man es sozusagen in einer Echokammer widerhallen läßt. Dieses Echo setzt sich aus Bildern zusammen, die dem Kollektivbewußtsein entlehnt sind, das heißt, dem gemeinsamen Vorrat von lebendigen Bildern im Erinnerungsspeicher der Menschheit, die entweder aufgezeichnet sind oder nicht. Dies reicht von der Fernsehwerbung bis hin zu religiösen Bildern, von Pornoheften bis zu Dostojewski. Alles, was jemals von Menschen zum Ausdruck gebracht wurde, kann dazu benutzt werden, die spezielle Stimmung eines Bildes zu färben und zu vertiefen. Daher beschäftigt sich die Amplifikation *nicht* vorrangig mit der *Bedeutung* der Bilder.

Bei der Amplifikation stellen wir folgende Frage: »Wie sieht es aus?« Es ist eine Frage zur Physiognomie des jeweiligen Bildes. Jedes Bild hat sein eigenes Gesicht, ein Gesicht, mit dem wir uns konfrontieren müssen. Zu lernen, *Ähnlichkeiten* zu erkennen, ist gemäß Aristoteles der Beginn jeder Traumkunst. Indem man eine Erweiterung macht – eine Amplifikation ist eine Aktivität, eine *operatio,* um in alchemistischen Begriffen zu sprechen –, wiederholt man das Bild in allgemein verbreiteten Bildern, die ihm ähneln.

Die Frau in der Gruppensitzung, in der Georg seinen Traum vom Unterwasserkaninchen erzählte, machte einen erweiternden Kommentar, den sie unbedingt loswerden mußte. Für sie paßt die Geschichte von *Alice im Wunderland* zu den Traumereignissen. Es vermittelt ihr vielleicht nur andeutungsweise das Gefühl, daß der Traum für sie mehr hergibt, wenn er mit dem Bild von Alice in Verbindung gebracht wird.

Wenn wir die Geschichte von *Alices Abenteuern im Wunderland* von Lewis Carroll als Erweiterungsmaterial für das Unterwasserkaninchen in Georgs Traum betrachten, wird unsere Aufmerksamkeit auf die Bilder von dem Kaninchen und der Flüssigkeit gelenkt. Wir überspringen die vielen anderen Aspekte der Geschichte, denn ansonsten hätten wir am Ende zuviel Material.

Alice findet den Eingang zu der wunderbaren Welt des Wunderlands durch den Bau des weißen Kaninchens. Als sie mitten ins Herz dieser Phantasiewelt gefallen ist, entdeckt sie ein kleines Fläschchen mit Flüssigkeit. Sie trinkt es und schrumpft zusammen, bis sie nur noch 25 Zentimeter groß ist. Dann wird sie sehr groß. Sie ist in ein Land der formverändernden Flüssigkeit geraten. Sie weint und die Flüssigkeit ihrer Tränen bildet einen großen Teich. Dann wird sie wieder klein und schwimmt im Bad ihrer Tränen herum. Im Becken ihrer eigenen, bitteren Tränen begegnet Alice den Wesen, die in dieser wunderbaren Phantasiewelt leben. Nach ihrer Identität gefragt antwortet Alice: »Ich weiß, wer ich an diesem Morgen war, aber seitdem habe ich mich einige Male verändert.« In dieser Phantasiewelt geht ihre Identität verloren. Alice beschwert sich auch darüber, daß sie ihr Gedächtnis verliert (gerade so wie in einer Traumwelt, wo sich die Bilder sofort wieder in Luft auflösen).

»In dieser Welt sind wir alle verrückt«, sagt die Cheshire-katze.

An einer anderen Stelle in der Geschichte ist es immer 18.00 Uhr. Tea time.

Mit Hilfe des weißen Kaninchens und ihrer eigenen Tränen ist Alice in einer Welt der Transformation, Verrücktheit, schwachen Erinnerung und endlosen Wiederholung gelandet.

Die letzte Begegnung mit dem weißen Kaninchen, die sie in diese Welt der Tiefen brachte, findet bei Hof statt. Das Kaninchen, so stellt sich heraus, ist der Bote des Königs. (Merkur, der *Psychopompos* genannt wird, Führer der Seelen, weil er die Seelen in die Unterwelt führt, ist ebenfalls der Bote des Königs der Götter. Sein griechischer Name ist Hermes.) Die Begebenheit bei Hofe, wo die Königin alle köpfen läßt, macht Alice so wütend, daß sie aus dem Wunderland erwacht. Schließlich scheint es so, als ob das weiße Kaninchen mit der mörderischen Königin verbunden ist.

Wenn wir die Bilderwelt von Alice auf Georgs Traum vom Unterwasserkaninchen projizieren, entsteht folgendes Bild: Im Herzen der frühen Kindheit lebt ein Kaninchen, das einen in die Tiefen führt, die Tiefen der ständigen Transformation, mit der man in Berührung kommen muß. Das normale Bewußtsein besucht eine Unterwasserwelt seiner eigenen Tränen, welche die meisten Menschen verrückt macht. Die blutdürstige Herrscherin dieser Welt trennt den Kopf vom Körper ab. Hier ist das Kaninchen die Figur, die den Hauptdarsteller dazu bringt, in die Tiefen einer Welt des Vergessens zu fallen. Dies ist eine Rolle, die die Alchemie dem *Mercurius psychopompos* zuschreibt, Merkur, der die Seelen der Toten in die Unterwelt geleitet.

Im *Rosarium philosophorum*,* einem alchemistischen Text aus dem Jahre 1550, kommt eine Inschrift auf einer runden Schale, die mit Flüssigkeit gefüllt ist, vor. Diese Inschrift wird »Quelle des Merkur« genannt.

Die Flüssigkeit ist eine Mischung der Essenzen aller Planeten. Die Alchemie sah in den Planeten qualitativ unterschiedliche, göttliche Kräfte, die verschiedenen dominanten Elemente der göttlichen *Imagination*. Diese Mischung der kombinierten, kreativen Potenz all der divergierenden kosmischen Kräfte wurde als *aqua vitae* bezeichnet, das Wasser des Lebens. In diesem Gefäß, gefüllt mit der kosmischen Flüssigkeit, befindet sich das Chaos, die unge-

---

* von C.G. Jung analysiert in: *Die Psychologie der Übertragung*, Bd. 3 des Grundwerkes, Olten: Walter 1984

formte Mischung der ganzen Vitalkraft. Es ist das hermetische Gefäß, in dem die Transformation, die Veränderung der Form, stattfindet.

Heute wird dieses Wasser des Lebens auch Libido genannt – die sexuelle Lust und der Lebenshunger. Auch das Kaninchen wird oftmals als extrem lustbetontes Wesen dargestellt. Wenn wir diese Bilder wie Diapositive auf den Traum projizieren, erscheint folgendes Bild: In der runden Schale voller Flüssigkeit sind alle Potentiale für die Entwicklung der Vitalenergie miteinander vermischt. Dieser verwirrungstiftende Zustand, der alles in Fluß bringt, ist sehr mächtig. Ein starkes Potential in einer chaotischen Mixtur, eine vitale und sexuelle Leidenschaft, die im Herzen brodelt und mit der frühen Kindheit verbunden ist.

In Frankreich besagt ein Aberglaube, daß Kaninchenfleisch schlecht für das Gedächtnis ist. Das Kaninchen bringt Vergessen, wie es auch in der Geschichte von *Alice* deutlich wurde.

In vielen Märchen werden das Kaninchen und sein »alter ego«, der Hase*, als schlaue und listige Betrüger dargestellt, welche die Kultur zwingen, sich einen Schritt weiterzuentwickeln. Sie sind nicht vertrauenswürdig und gefährliche Helfer bei der Bewußtseinsentwicklung. Diese Rolle wird auch Merkur zugeschrieben.

Aber wer ist dieser Merkur, der in seinem Gefäß die Lebenslust ständig verwandelt?

* In seinem Buch *The Lady of the Hare: A Study in the Healing Power of Dreams* (Boston: Shambhala Publications, 1988) untersucht der Jungsche Analytiker John Layard die Symbolik vom Hasen und Kaninchen ausführlicher.

11 Die Phantasie als Heilmittel

Dem Repertoire Merkurs entspringen alle Formen der Vorstellungskraft – angefangen von dem dämonischsten Alptraum bis hin zur göttlichsten Vision. Merkur wird als ausgesprochen unzuverlässig und hinterlistig dargestellt, eine Figur, die andere immer aus dem Gleichgewicht bringt. Er ist der Gott aller Reisenden, von allem, was sich von einem Punkt zum anderen bewegt. Ein Gott des Übergangs, der Zwischenwelt, wo er über die Schurken und Diebe herrscht. Ein gehörnter Gott voller fauler und schmutziger Tricks. Für die Alchemie war er der Retter. Aus diesem dunklen, unzuverlässigen, giftigen und verschlagenen Wesen mußten die Alchemisten das Elixier herstellen, das Heilmittel, das aus Gift besteht und die Vergiftung herbeiführt, die Heilung bewirkt. Sie nannten es *Pharmacon*, das »heilende Gift«.

Traumarbeit ist Arbeit an der Vorstellungskraft.

In früheren Zeiten wurde die Phantasie der Welt der Künstler und Verrückten zugeschrieben. Diese engstirnige Vorstellung von der Phantasie läßt die Tatsache außer Betracht, daß die Vorstellungskraft unsere Erfahrung kontinuierlich verändert und transformiert und in bezug auf unsere Wahrnehmung eine zentrale Rolle spielt, egal wie objektiv wir zu sein glauben. Besonders in Träumen wird deutlich, wie mächtig die Phantasie ist – sie ist fähig, eine vollkommen reale Welt zu erschaffen, die von der physischen Welt nicht zu unterscheiden ist.

Wie Sigmund Freud entdeckte, sind unsere Neurosen Erkrankungen der Vorstellungskraft. Er fand heraus, daß uns nicht nur Traumata krank machen (ein Trauma ist ein schreckliches Ereignis, das die Seele oder den Körper eines Menschen oder beides verletzt), sondern auch unsere Inzestphantasien (der Ödipus-Komplex). In unserer Vorstellung erleben wir Dinge, die von den historischen Fakten unseres Lebens nicht zu unterscheiden sind. Besonders unsere frühe Kindheit ist eine Mischung aus Phantasie und Geschichte.

Für die Alchemisten war es von großer Wichtigkeit, Merkur, den Gott der Phantasie, nicht in seiner Rohform auf die Welt loszulassen. Sie sprachen von ihm als Sturmvogel, einem unverschämten Dämon, der die Menschen zur Raserei treibt. Sie nannten ihn den »wilden Merkur«, der gezähmt werden muß. Er selbst offenbart sich als Drache oder brüllender Löwe. Der wilde Merkur manifestiert sich als rohe Zerstörungskraft, die die Phantasie beherrscht und schreckliche Wirkungen auf die Welt haben kann. Unter anderem bringt er den blutdürstigen Wahnsinn der Berserker hervor – den germanischen Wahnsinn und die ekstatische Kampfeslust, die bereits vor Tacitus (55 bis 120 v.

Chr.) *furor teutonicus* genannt wurde. Dieser leidenschaftliche Drang zu zerstören war gerade am Ausufern, als C.G. Jung im Jahre 1942 seinen Eranos-Vortrag, »Der Geist Mercurius«, hielt. Jung sprach von der Duplizität der Vorstellungskraft, die uns einerseits zu Liebe und heilsamen Taten anregen und andererseits eine wahnsinnige Zerstörungswut auslösen kann, die verrückt erscheint.

Ich habe mich schon immer gefragt, warum sich die Eranos-Tagung im Jahre 1942, mitten im Krieg, mit Hermes/Merkur beschäftigte. Heute verstehe ich, daß es von großer politischer Bedeutung ist zu erkennen, daß die archaische Vorstellungskraft in Form von Massenwahn von Millionen von Menschen Besitz ergreifen kann. Eine solche Erkenntnis verschafft uns Einblick in die archaischen Kräfte in der menschlichen Vorstellungskraft, archaische Kräfte, die mit dem Niedergang des Nazi-Reiches nicht im geringsten aus der Welt geschafft sind.

Für seine Eranos-Lesung im Jahre 1942 verwendete Jung als Arbeitsmaterial das Märchen »Der Geist im Glas« von den Gebrüdern Grimm. Ein armer Bauer hatte einen Sohn, der aus Geldmangel seine Studien nicht beenden konnte. Dieser Sohn fand unter den Wurzeln einer alten Eiche eine Flasche, aus der eine Stimme rief: »Laß mich raus! Laß mich raus!« Der junge Bauer öffnete die Flasche, und ein mächtiger Geist kam heraus, so groß wie die Eiche. Der Geist sagte: »Ich bin der große und mächtige Merkur. Um Buße zu tun, war ich hier eingeschlossen. Derjenige, der mir meine Freiheit wiedergibt – dessen Hals muß ich brechen.« Der junge Mann fand einen Trick. Er sagte, er glaube nicht, daß ein so großer Geist aus einer so kleinen Flasche kommen könne. Er wollte dieses Wunder mit seinen eigenen Augen sehen. Um dies zu beweisen, schlüpfte Merkur wieder zurück in die Flasche, die der junge Mann schnell verschloß, und der Geist war wieder gefangen. Er versprach dem jungen Mann eine Belohnung, wenn er ihn befreien würde – ein Tuch, das alles, was man damit abrieb, in Silber verwandeln konnte. Der junge Mann ließ den Geist frei, erhielt das Tuch, verwandelte seine Axt in Silber und bekam genug Geld dafür, um seine Studien zu beenden. Er wurde ein berühmter Arzt (*Pharmacon*).

In seiner wilden Form erscheint Merkur als mächtiger Geist, der einem das Genick bricht und eine Mordlust hat, die Zerstörung bewirkt – *Pharmacon* als Gift. Wieder zurück in der Flasche – in seiner verfeinerten Form, der Form, die mit der Reflexion verbunden ist, verwandelt er unedles Metall in reflektierendes Silber – er ist nun *Pharmacon* als Heilkraft. Merkur ist das Symbol für die Gleichheit von Blutdurst und Heilkraft. Der blutdürstige Mörder muß betrogen werden, damit die Kehrseite seiner Identität zum Vorschein kommen kann.

Ich denke mir, daß diese Täuschung bei der Traumarbeit stattfindet. In Träumen kommen leidenschaftliche Begierden und mörderische Impulse an die Oberfläche. Wir lassen zu, daß sich diese Bilder entwickeln, so als ob sie tatsächlich ausgelebt werden könnten, so als ob man die blutdürstigen und destruktiven Impulse tatsächlich verwirklichen könnte. Dann, im letzten Moment, fangen wir diese Schattenseiten von Merkur in einer Reflexion ein. Auf diese Weise wird das Bild voll durchlebt, aber nicht ausagiert. Merkur, die Offenbarung der Dunkelheit, wird als ein Impuls durchlebt, der durch eine List außer Gefecht gesetzt wird. In meinem Traum von Angie beispielsweise ist es wichtig, die mörderische, sich im Genick verbeißende Bulldogge zu erfahren, ohne buchstäblich zu diesem Mörder zu werden. Die Identifikation mit der Bulldogge wäre fatal, aber das Gefühl des blutdürstigen Hundes zu durchleben, kann Heilung bewirken.

Scheinbar geht es also darum, den Geist des Merkur in der Flasche gefangenzuhalten. In Gingers Schlammtraum konnten wir gut beobachten, wie eine solche Flasche, ein hermetisches Gefäß, entsteht. Nachdem diese Traumreihe stattgefunden hatte, malte Ginger einige Bilder, bei denen das Thema des Spiegels im Mittelpunkt stand, als ob das Objekt einem Prozeß der Reflexion unterworfen werden müßte. Innerhalb einer klar umrissenen Form, dem Gefäß, muß die Phantasie durch einen Prozeß der disziplinierten Reflexion mit sich selbst konfrontiert werden. Durch diesen Prozeß konzentriert sich die Kraft der Phantasie. Die metaphorische Kraft eines Bildes wird verstärkt, und der Druck, das Bild direkt auszudrücken, läßt nach. Diese Konzentration der Vorstellungskraft verstärkt seine Macht und damit auch die heilende, transformierende Kraft des Merkur, des Gottes der wundersamen Veränderung.

Als Beispiel für die konzentrierte Vorstellungskraft wollen wir noch einmal zu der Figur des Arztes in dem Flugzeugtraum zurückkehren (siehe Kapitel 2). Stella begegnet dem Arzt, nachdem sie in die schmutzige Welt gestürzt ist, in der sie sich nur sehr schwer wieder reinwaschen kann. Nach ihrem Absturz ist Stella in der Gewalt der sexuellen Welt.

Da sie nicht mehr vor dem Sex flüchtet, kann sie sich der heilenden Libido hingeben – dem exotischen Arzt in Weiß. Stellas Toleranz für die Welt der Sexualität wird von dem Arzt geweckt. Diese Sexualität kann auf verschiedenen Ebenen ausgelebt werden. Eine Möglichkeit ist beispielsweise, daß dieses erotische Bild durch die Übertragung auf mich, den Analytiker, erlebt wird. In diesem Fall bleibt Merkur in der Therapie und das erotische Drama spielt sich in der Flasche ab. Es ist auch möglich, daß Stella nun beginnt, Liebesaffairen mit exotischen Männern zu haben, Beziehungen, die sie mehr in Kontakt mit der exotischen, männlichen, sexuellen Leidenschaft bringen werden. In diesem Fall wird es viel schwieriger sein, Merkur in der Flasche gefangenzuhalten. Die destruktive Kraft der Imagination könnte Stella sehr leicht entgleiten, was katastrophale Folgen haben könnte. Man braucht nur an einen begabten Gigolo denken, der Stella verführen und täuschen könnte, und man kann sich sehr gut ausmalen, welch tragische Szenen damit verbunden sind. Besonders in einem solchen Fall ist es von großer Wichtigkeit, bei dem Bild des »Sexdoktors« die konzentrierte Reflexion anzuwenden, so daß der metaphorische, heilende Wert des Bildes nicht verlorengeht. Ansonsten wird das Traumbild nicht die intensive Tiefenwirkung erzielen, die es haben könnte, und der finstere und betrügerische Merkur könnte buchstäblich ihr Leben zerstören. Merkur findet Vergnügen daran, durch seine listigen Tricks den Untergang der Ich-Figur zu bewirken.

In der Menschheitsgeschichte können wir heute die Wirkung der zwei Seiten des Merkur auch in globalen Ereignissen erkennen. Die Phantasie hat eine Technologie erschaffen, welche die Mordlust des Merkur in Werkzeugen der totalen Zerstörung konzentriert. Zusammen mit den Prachtstücken, welche die technologische Vorstellungskraft hervorgebracht hat, hat sie den blutdürstigen Mörder genährt, so daß er heute mächtiger ist als je zuvor.

Angesichts der nuklearen Bedrohung sollte die Kunst des Merkur, der Umgang mit der Phantasie, intensiv praktiziert werden. Ansonsten könnte unsere Kreativität unsere Zerstörung zur Folge haben.

Ich glaube, daß die Erfindung der Atombombe in einem direkten Zusammenhang mit der Macht der archaischen Mordlust der Imagination steht. In ihrer primitiven Form führt diese Lust zur vollständigen Zerstörung, und sie hat nun die Waffen hervorgebracht, die dies bewerkstelligen können.

Wenn wir überzeugt sind, daß »wir« diese Vernichtung nicht wollen, glauben wir, daß der »andere« unseren Untergang plant. Aber weder »wir« noch »die anderen« wollen diese Zerstörung. Der Geist des ungezähmten Merkur an der Wurzel unserer Vorstellungskraft will sie. Heute ist es mehr als je zuvor von existentieller Wichtigkeit, uns auf den primitiven Zerstörungsdrang zu konzentrieren, der in dieser Phantasie existiert. Wenn wir diesen Blutdurst nicht erkennen und ihn in seiner ganzen Tiefe durchleben, könnte Merkur uns täuschen und uns einer paranoiden und tödlichen Furcht vor der Mordlust unserer Feinde unterwerfen, seien dies nun Kommunisten oder Kapitalisten. Dies kann fatale Folgen haben.

Auf meinem Heimweg

Ich sitze im Auto und bin auf dem Heimweg. Müde nach einem langen Arbeitstag lasse ich den Wagen mehr oder weniger vom »Autopiloten« steuern.
Während meines Nachmittagschläfchens hatte ich einen Traum.

Ich gehe durch eine Stadt, die mir unbekannt ist. Im Fenster eines Möbelgeschäftes sehe ich einige »persische Hunde«. Sie sehen aus wie rötlich-purpurrote Bulldoggen, die in prähistorischen Zeiten aus Porzellan gefertigt worden sein könnten, wenn sie nicht lebendig wären. Ich schaue hinein. Einer der Hunde, in einen braunen Wildlederanzug gekleidet, eindeutig ein weibliches Tier, kommt auf mich zu. Die Hündin geht auf ihren Hinterbeinen. In ihrem rötlich-purpurroten Gesicht trägt sie ein Schnurrbärtchen wie Salvador Dali, das sozusagen eingebrannt ist. Ihr porzellanartiger Kopf leuchtet wie ein Spiegel. »Das ist unmöglich«, denke ich bei mir, »aber es spielt keine Rolle«. Sie kommt näher, und ich höre, wie sie hinter der Fensterscheibe sagt: »Erzähl es allen, erzähle es Peter…«

Dann klingelte der Wecker.

Der Traum erinnert mich sofort an Angie und die Bulldogge, die ich zu Beginn dieses kleinen Traumkurses in dem Eröffnungstraum gesehen hatte. Die wunderschöne, phantastische »persische Bulldogge« sieht aus wie eine Mischung von Angie und der Bulldogge, die ihr an die Kehle sprang. Dort steht sie nun hinter Glas, wie in einer Flasche, zusammen mit den anderen Möbeln im Inneren des Einrichtungsgeschäfts. Sie ist lebendig und gleichzeitig ein archaisches Bild. Sie ist surrealistisch, wie Dalis Schnurrbart, der in ihrem porzellanartigen Gesicht eingebrannt ist, in dem ich fast mein eigenes Spiegelbild erkennen kann. Ihre Farbe ist eine Mischung aus erdigem Blut und himmelblau. Der purpurfarbene persische Hund. Sie hat mir etwas zu sagen. Auch ich habe mich verändert. Es spielt keine Rolle mehr für mich, daß Dinge geschehen, die unmöglich scheinen. Mein rationales Bewußtsein läßt widerstandslos zu, daß ihm ein Bein gestellt wird, wie die Stehaufmännchen, die sich wieder aufrichten, wenn man sie umgestoßen hat.

Während ich an diesem Traumkurs arbeitete, ist etwas mit mir geschehen. Die beiden Manifestationen des Merkur, die in einem Kampf auf Leben und Tod miteinander verstrickt waren – die eine, eine inspirierende Hündin mit der Kraft zu heilen, die andere, ein blutdürstiger, machthungriger Hund – sind miteinander verschmolzen.

Dieses Phänomen bezeichnet Jung als *transzendente Funktion*. Hinter diesem unglücklich gewählten Begriff verbirgt sich die Vorstellung, daß ein *Verschmelzen der Gegensätze* stattfinden kann, wie die Alchemisten sagen würden, wenn man die Gegensätze lange genug verarbeitet, ohne für eine Seite Partei zu ergreifen.

Der fundamentale Gegensatz wird in der Alchemie anhand der Spannung zwischen Mann und Frau dargestellt. Durch den alchemistischen Prozeß kann sich diese Spannung im Bild des Hermaphroditen auflösen, dem Zwitter (Mann-Frau), in dem die widersprüchlichen Elemente vereinigt sind, so daß eine neue Identität entsteht. Es scheint, als ob die entgegengesetzten und scheinbar unvereinbaren Elemente eine gemeinsame Wurzel haben. In der Flasche kann man zu dieser Wurzel vordringen. Dieses Buch war scheinbar eine solche Flasche, eine Flasche, in der die *prima materia* – der Kampf zwischen dem heilenden und dem blutdürstigen/machthungrigen Hund meiner Phantasie (ein Kampf, der von den Alchemisten als der innere Konflikt des paradoxen Merkur betrachtet wird) – entfacht und in lebendiges, spiegelndes Porzellan verwandelt werden konnte. Das Tier wurde vermenschlicht. Es geht aufrecht und trägt Kleider. Gleichzeitig löste sich das natürliche Bild vom heiligen Bernhard und der Bulldogge auf, und beide verschmolzen neu zu einem surrealistischen, archaischen Bild, das mir etwas zu sagen hat.

»Erzähl es allen…« Die Identität »Angie-Bulldogge« möchte von allen gehört werden. Oh, dieser Machthunger, der die Seele dazu zwingt, sich auszudrücken. Ohne ihn würde kein Buch geschrieben und keine Ideen würden verbreitet werden!

»Erzähle es Peter…« Ich muß sofort an Peter denken, der »Schlüsselfigur« in dem Lieblingsbuch meiner Kindheit. Er gab einem kleinen Jungen einen silbernen Schlüssel, mit dem die Phantasie aufgeschlossen werden konnte. Reflektierendes Silber scheint den Zugang zur Welt der Heilkraft und zum Alptraum zu öffnen – der Traumwelt.

Das Auto hält vor meinem Haus.